失敗しない！

必ず
実がなる

果樹の育て方

小林隆行 著

日本文芸社

自分で育てた、安心・安全なフルーツを食べていただくために

──はじめに

社会人をリタイアしたあとの趣味として、また、食の安全への意識の高まりから――さまざまな理由で野菜の栽培をする人が増えています。私はそんな方に、野菜と一緒に果樹栽培を始めることをおすすめします。コツさえつかめば、あとはほとんど野菜の栽培と同じ作業ですし、おいしいのに流通の都合であまり出回らないフルーツや採りたての完熟果を、最高の状態で味わえます。

果樹栽培は、みなさんが思っているほどには難しくないものです。よいつぎ木苗やさし木苗を選び、その果樹が好む場所「適地」で育てるのが基本です。そして、管理はほどほどに。つい過保護にしがちですが、果樹も私たちと同じように、自分でたくましく育つものです。

本書で取り上げた果樹や品種は、家庭で育てられるものばかりですので、ぜひ、本書を読み、育てる楽しみや収穫する喜びを味わっていただきたいと思います。

小林 隆行

イチジク

失敗しない！必ず実がなる

果樹の育て方 ―― もくじ

第2章 育てたい果樹

マンゴー

ビワ

リンゴ

第2章

50音順さくいん

カンキツ類(はるみ)

フェイジョア

第3章 果樹の手入れの基礎知識

本書の見方

第1章 果樹を育てよう

よい苗木の選び方、果樹栽培に適した土・肥料、樹木の仕立て方の基本、条件別・果樹の選び方など、始める前に知っておきたい果樹栽培の基本を紹介。

第2章 育てたい果樹

40種類以上の果樹について、栽培法を詳しく解説。

第3章 果樹の手入れの基礎知識

用意したい道具・あると便利な道具、地植え・鉢植えの植えつけまでの準備、病害虫の予防と駆除、自分でふやす方法など、栽培作業の基本を紹介する。巻末には、基本の園芸用語や果樹名さくいんを掲載。

本書では、北陸・甲信越や北関東以北を寒冷地、関東南部を中間地、東海地方以南を暖地とし、関東南部を基準に、植えつけや剪定、施肥など作業の適期を示す。また、花芽分化の時期や花期、熟期も紹介。

※花芽と葉芽はある時期から分化し、その時期を「花芽の分化期」という。花芽の分化は樹体内の炭水化物の蓄積が多いと促される。

この果樹の特徴をひとことで表す。

適した栽培環境や樹や果実の特徴・利用法を紹介。

果樹名。漢字表記のあるものは【　】内に示す。

樹高がおよそ3mを超えるものを「高木《こうぼく》」、超えないものを「低木《ていぼく》」とする。低木は主幹がはっきりとせず、複数の枝が生えるものが多い（例：ブルーベリー）。

丈夫さや手間のかかり具合を考慮して3段階の栽培難易度を示す。★が少ないほど栽培が簡単なことを示す。

目安として、一年生苗木を植えてから実がなるまでの期間（結果年齢＝結実年齢）を示す。

初心者に多い失敗や疑問点を紹介。栽培のヒントに。

苗木の植えつけ

いつ頃どんな場所に、どのように植えつけるかを解説。基本の植えつけ方の詳細は140ページ参照。

おすすめの品種

おいしい品種、育てやすい品種、授粉樹の要不要などを紹介。

栽培上のポイントがわかるような情報を集めて掲載。
適　地：その果樹が好む環境。
耐寒性：寒さへの適応性。
耐暑性：暑さへの適応性。
耐乾性：(とくに土壌の)乾燥への適応性。
耐湿性：(とくに土壌の)多湿への適応性。
耐陰性：日照の少ない環境でも生育できる性質。
繁　殖：主に行われるふやし方。
土　質：本書では「土壌酸度」を示す。大部分の果樹は、日本に多い弱酸性土壌で問題なく育つ。
授粉樹：自身の花粉では受精できない果樹は、別品種を「授粉樹」として一緒に育てる必要がある。

整枝・剪定のコツ

目標とする樹形と整枝のしかた。樹形維持・花着き(=実着き)をよくする剪定のコツ。

よい実をならせるコツ

摘蕾《てきらい》・人工授粉・摘果・袋掛けのタイミングや方法を紹介。

水やりと施肥《せひ》

水やりの必要性。夏・冬の対処法。施肥は季節ごとの与え方などを紹介。

鉢植えでの育て方

植えつけや育てる場所、水やり、施肥などの方法を解説。

とくにあまり知られていない果樹について、利用法を紹介。

主な病害虫とその防除

かかりやすい病気・遭いやすい害虫と症状。それらの予防と駆除のしかたを紹介。詳細は146ページ参照。

収穫のコツ

収穫適期の見極め。必要なものについては追熟のさせ方も紹介。

第1章 果樹を育てよう

自宅の庭先やベランダで採れた新鮮な完熟フルーツ。それを味わえるのは、育てた人の特権です。「自分で育てたフルーツを食べてみたい!」という人のために、まずはよい苗木の選び方、果樹栽培に適した土・肥料、樹木の仕立て方の基本、条件別の果樹の選び方といった、始める前に知っておきたい果樹栽培の基本を紹介します。

イチゴノキ

育て方…62ページ

株元に小型のコニファーとカラーリーフのヒューケラを配した、クリスマスらしい雰囲気のコンテナ仕立て。鉢植えにするなら、コンパクトなヒメイチゴノキが向いています。冬に白や淡紅色のスズランに似た花が咲き、1年後の冬に実が熟します。

イチジク

育て方…52ページ

本来は亜熱帯果樹ですが、ここでは盆栽のような樹姿で和風建築に趣を添えています。「無花果」と書くように、花の美しさは楽しめませんが、完熟してから収穫した実のおいしさは格別です。イチジクには、8～10月頃に熟す秋果種と、6～7月と9～10月の2回収穫できる夏秋果兼用種があります。

オリーブ

育て方…112ページ

地中海のイメージどおり、乾燥した気候を好む果樹ですが、乾燥化のためか、降水量の多い関東南部でも庭植えの高木を見かけるようになりました。自家受粉しにくい品種もあり、別品種を2本一緒に植えるとよく結実します。5～6月頃に香りのよい小さな花が咲き、9～10月頃に実が熟します。ちょっと手間はかかりますが、自家製のオリーブ油や塩漬けづくりにチャレンジしてみるのも楽しいものです。

カリン

育て方…78ページ

秋が深まり、落葉した樹に残る鮮やかな黄色の果実。花が美しく幹肌の模様に趣があり、枝が上に伸びてあまりスペースをとらないので、おすすめの果樹です。秋に熟す実は香りがよく、果実酒やはちみつ漬けに。ただし、赤星病が発生するので、カイヅカイブキなどビャクシン属の針葉樹とは一緒に育てないでください。

キウイフルーツ

育て方…102ページ

棚仕立てでたわわに実るキウイフルーツ。棚がなくても、つるを誘引できる環境があれば、おすすめの果樹です。ただし、雌株と雄株があり、一緒に植える必要がありますが、中には1本で結実する品種もあります。4～5月頃に花が咲き、実は8～10月頃に熟します。

ザクロ

育て方…58ページ

あまり手間をかけなくても、たわわに実ります。元々は西アジア原産の暖地性果樹ですが、比較的寒さに強く、関東地方であれば、庭植えで十分に育ちます。朱色で花弁に縮緬《ちりめん》のようなしわのある花が6月頃に咲き、実は9～10月頃に熟します。甘みの強い品種と酸味の強い品種があるので、苗木を入手する際に注意してください。

ジューンベリー

育て方…86ページ

細く繊細な幹、小さな鮮紅色の実。3〜4月に咲く花も観賞価値が高く、小スペースのシンボルツリーとして最適な果樹です。実はその名(June)のとおり、6月頃に熟します。

ビワ

育て方…92ページ

波打つようなしわのある大きな葉とオレンジ色の実が特徴。常緑果樹の中では寒さに強く、関東地方でも地植えで大きく育ちます。花は冬に咲き、実は初夏6月頃に熟します。

リンゴ

育て方…96ページ

普通のリンゴは、寒冷地以外での本格的な収穫は難しいかもしれませんが、ミニチュアサイズのアルプスオトメやクラブアップル、ヒメリンゴなどは暖かい地域でも楽しめます。あまり手間もかからず花も美しいので、「リンゴを育ててみたい」という人は、これらの品種から始めてみてはいかがでしょうか。

フェイジョア

育て方…128ページ

銀白色がかった葉をこんもりと茂らせたフェイジョアの樹。ブラジル原産の熱帯果樹ですが寒さに強く、ミカンが栽培できる地域であれば、このように地植えできます。6～7月頃に赤く長い雄しべが密生した風変わりな花が咲き、10月頃に熟します。果実もおいしいのですが、花びらが甘く、エディブルフラワーとしても楽しめます。

苗木を入手する際はここに注意！

苗木は、植えつけの適期に入手して、すぐに植えつけるのがいちばんです。植えつけの適期は樹種ごとに多少異なってきますが、一般的には、移植によるダメージが少ない休眠期です。落葉樹は落葉してから翌春芽が動き出す前までの12〜3月頃、常緑樹は新芽が動き出す直前の3月頃になります。

鉢ものの場合は果実の熟期に出回り、販売価値を高めるために、若木のうちから果実を着けさせていることが多いようです。どのような果実がなるか一目瞭然なのはよいのですが、樹体にとっては大きな負担です。本格的な収穫の楽しみは将来にとっておいて、購入したらすぐに果実は切り取ってしまいましょう。

苗木を入手するには、園芸店やホームセンターへ足を運んで直接自分の目で確かめ、よい苗を購入するのが最良の方法です。また、近くに果樹苗を扱っている園芸店がない場合は、一般向けに果樹苗を販売しているオンラインショップを利用するのもよいでしょう。弊社のサイトでも、ブルーベリーを中心に、果樹苗や花木苗を販売しています。一度「ベリーガーデン　小林ナーセリー」で検索してみてください。

よい苗木の条件

① つぎ木苗であること

つぎ木苗とは、果実の品質がよい親木から取った穂木を、丈夫で病害虫に強い台木についだもの。育てやすく、親木と同じ品質の果実がなる。実着きを早くさせる効果もある。また、リンゴやナシなどは、矮性の台木についだものを選べば、樹高を抑えられる。つぎ木苗であるかどうかは、ラベルの記載のほかに、苗木の根元を見るとよい。つぎ木苗であれば、台木と穂木のつぎ目が確認できる。

つぎ木苗のつぎ目

② 品種がはっきりわかる

品種がわかるつぎ木苗かさし木苗を選ぶこと。品種がわからなければ、よい品質の果実がなることは保証されない。品種がはっきりしない理由は、元々栽培品種がつくられていないか少ない、または種から育てた実生苗であることが考えられる。果樹にもよるが、実生苗の場合、親の形質をそのまま受け継ぐことはないうえに、開花・結実するまで長くかかることもある。

③ 病害虫の被害がない

病気にかかっている場合は、順調に生育しないことが多く、ほかの庭木に悪影響を及ぼしかねない。害虫に食害されていると、駆除されたあとでも、ダメージからの回復に時間がかかる。病害虫の被害があるということは、管理のしかたに問題があった証拠でもある。以下の④～⑩も、育苗の管理のしかたによる。

④ 樹全体の印象がずんぐりとしている
⇔ ひょろひょろとした印象がある

⑤ 幹や枝につやがあり、充実している
⇔ 幹や枝につやがなく、やせている

⑥ 節間（芽と芽の間）が短い
⇔ 節間が間延びしている

⑦ 落葉樹の場合は、幹にまんべんなく芽がついている
⇔ 下のほうの芽が少ない

⑧ 常緑樹の場合は、枝葉の数が多く均一に着いている
⇔ 下枝が少ない

⑨ 根が確認できる場合は、とくに細根の数が多い
⇔ 細根の発達が悪い

⑩ つぎ木苗の場合、ついだ部分が安定している
⇔ つぎ目が不安定

●通信販売の利用法

カタログの配布を行っている種苗会社や園芸店、カタログ配布はなくても一般家庭向けに果樹苗を販売しているオンラインショップがあるので、検索サイトから「果樹苗　家庭」で検索してみよう。

弊社のＨＰ「ベリーガーデン」でも、ブルーベリーをはじめとする果樹苗の通信販売を行っているので、ぜひ検索を。

「ブルーベリー　通販　ベリーガーデン」
アドレス：http://www.kbnc.co.jp/

●落葉樹の苗木の例

イチジク
つぎ木の二年生ポット苗。

ジューンベリー
ある程度樹形ができたポットの大苗。

ブルーベリー
翌春用の芽がびっしりと着いている。

リンゴ
ある程度の樹形ができた大苗。根数も多い。

●常緑樹の苗木の例

イチゴノキ
開花・結実が楽しめる大苗の購入も一案。

オリーブ
幹の下のほうまで枝葉が着いている。

ビワ
ある程度樹形ができた大苗。花芽も着いている。

ミカン
つぎ木の一年生苗。これから樹形をつくっていく。

土・肥料と基本の仕立て方

果樹栽培によい土　根は養水分の吸収と同時に、呼吸も担っています。根が正常に伸びるためには、適度な水分とともに酸素が必要なのです。腐葉土や堆肥をすき込んでふかふかの状態にしておくと、適度なすき間ができて、水分や酸素が確保されます。

　排水性がよい土は、水がすぐに下へ抜けて酸素が供給されますが、乾きやすいものです。保水性がよい土は、水分は確保されますが、酸素の供給が滞りがちです。そのため、多くの果樹は、排水性と保水性という、相反した性質をもつ土壌を好みます。腐葉土や堆肥は、土壌改良材としての役割が大きいのです(土壌改良の具体的な方法は140ページ参照)。

果樹を育てる肥料　果樹の中には肥料を与えると伸長しすぎるものや、もともと肥料分の少ないやせ地を好むものなどの例外はありますが、多くの樹種は果実をならせるために肥料を与える必要があります。ただし、与え方を間違えると枝葉ばかりが茂ったり、樹勢が弱ったりします。施肥は、適切な成分・量・時期に行う必要があるのです。土壌を肥沃にする有機質肥料、目的に応じてピンポイントで効かせられる化成肥料、各種混合肥料など、適宜組み合わせて用いてください。

●主な肥料の要素

窒素(N):光合成に必要な葉緑素やたんぱく質の成分として重要。ホルモンや酵素の成分でもある。葉の働きや樹体の生長にかかわるので「葉肥《はごえ》」と呼ばれる。欠乏すると葉が貧弱になり、過剰でも枝葉が徒長して樹勢を弱める。

リン酸(P):細胞膜や遺伝子、エネルギー代謝にかかわる成分。細胞分裂にかかわり、花や実着きをよくするので「実肥《みごえ》」とも呼ばれる。枝葉・根の生長にも影響が大きい。

カリ(カリウム/K):生長の活発な部位に多く存在し、根などの発達にかかわるので「根肥《ねごえ》」とも呼ばれる。

　以上のN・P・Kを「肥料の三要素」といい、肥料の成分はNPK比で表される。

石灰(カルシウム/Ca):細胞壁の成分。有害物質と結合して無害化するなどの働きがある。また、酸性土壌の中和にも用いられる。

苦土《くど》(マグネシウム/Mg):葉緑素の成分。したがって、欠乏すると生育が極端に悪くなる。ほかに亜鉛、硫黄、塩素、鉄、銅、ホウ素、マンガン、モリブデンが「微量要素」として植物に利用されている。

●与える時期とその名称

元肥《もとごえ／もとひ》:植えつける前に土に混ぜ込む肥料。休眠期に与える寒肥《かんごえ》も同じ。全生育期間中、とくに春からの生長を助けるため、緩効性の有機質肥料(窒素とリン酸を多く含む油かすや鶏糞、魚粉、牛糞など)や混合肥料を与える。年間を通じて、これを与えるだけでよい果樹もある。

追肥《ついひ》:枝葉の生長、果実の肥大を助けるために不足する養分を追加・補給する肥料。カリを含む速効性肥料を与える。

お礼肥《れいごえ》:果実の収穫後、樹勢を回復させるために与える肥料。窒素を含む速効性肥料を与える。

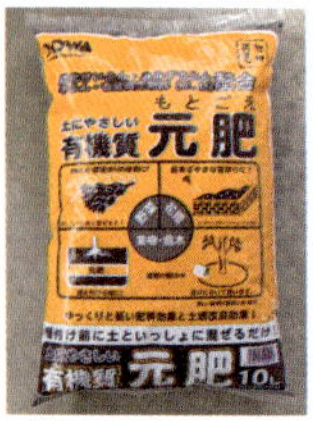

元肥(混合肥料)

元肥(化成肥料)

剪定と花芽

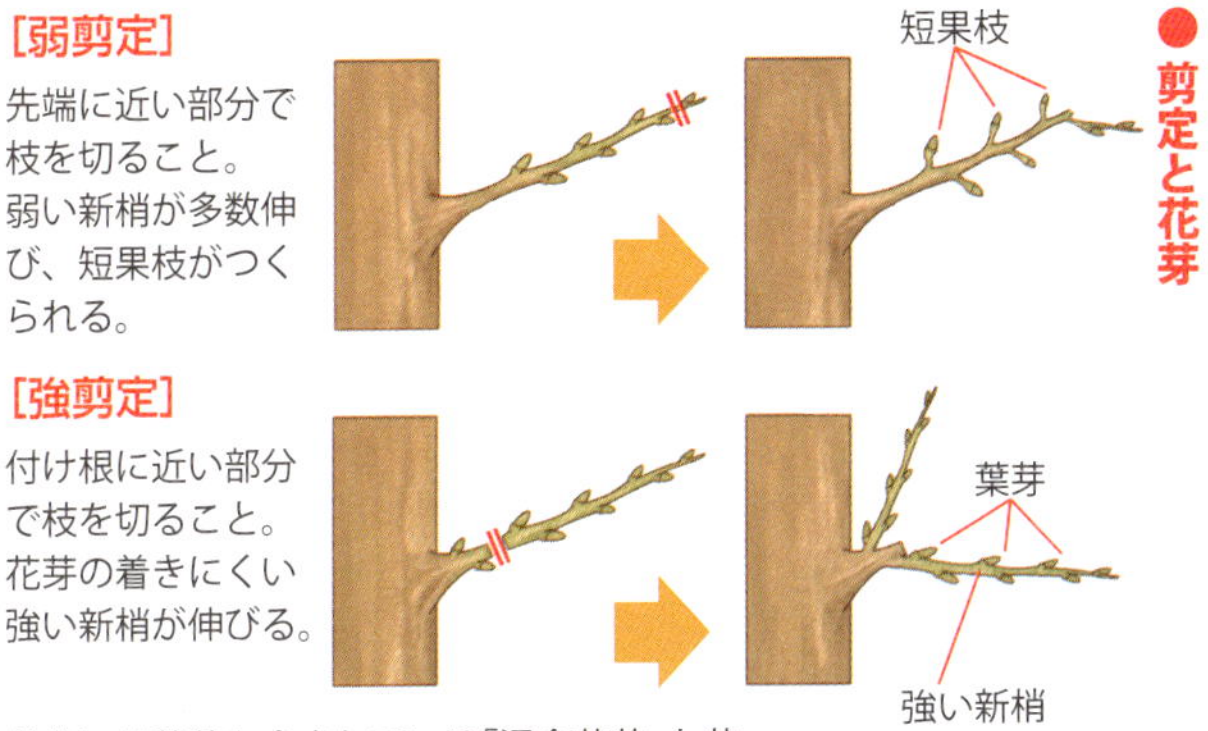

[弱剪定]
先端に近い部分で枝を切ること。弱い新梢が多数伸び、短果枝がつくられる。
短果枝
[強剪定]
付け根に近い部分で枝を切ること。花芽の着きにくい強い新梢が伸びる。
葉芽
強い新梢

花芽には葉芽も含まれている「混合花芽」と花だけが咲く「純正花芽」があり、着く位置も樹種によって異なる。なるべく花芽を落さないよう、2章で各樹種の剪定法を確認すること。

切る位置

[内側]
内側の芽の上で切ると、新梢が内側に伸びて樹形が乱れやすい。
[幹の外側]
幹の外側の芽の4～5㎜上で切ること。新梢が外側に伸びて樹形が整う。
ブドウなどは例外的に中間点で切る。
残した部分が長すぎても短すぎても枯れやすい。

付け根から取り除く不要枝

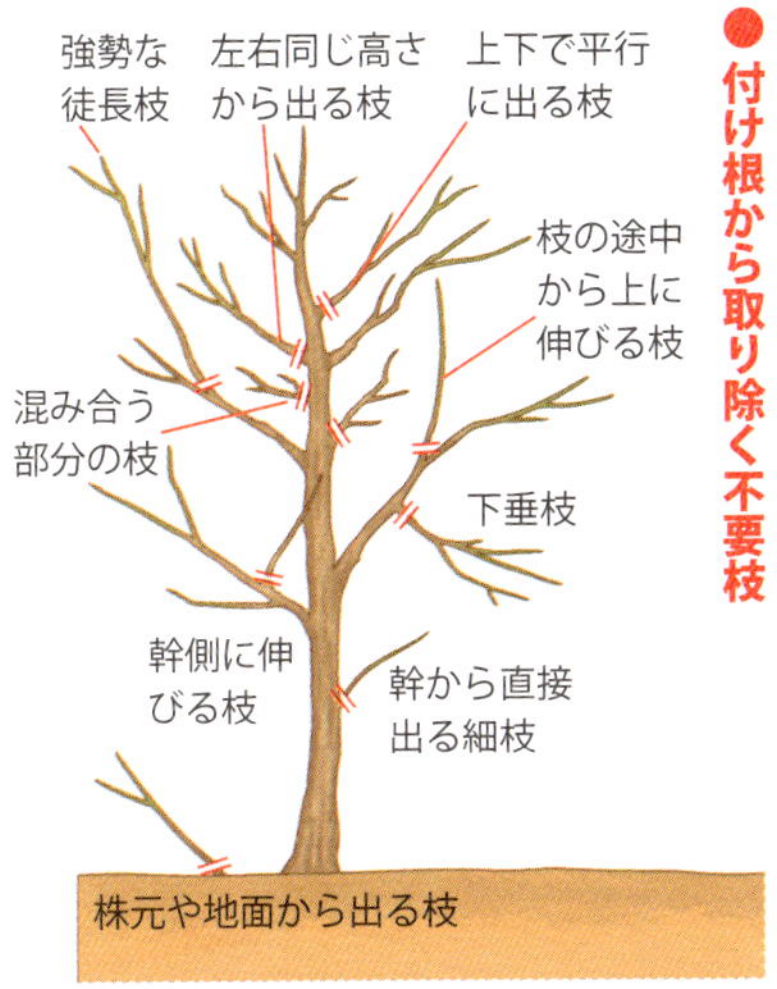

強勢な徒長枝
左右同じ高さから出る枝
上下で平行に出る枝
枝の途中から上に伸びる枝
混み合う部分の枝
下垂枝
幹側に伸びる枝
幹から直接出る細枝
株元や地面から出る枝

基本の樹形

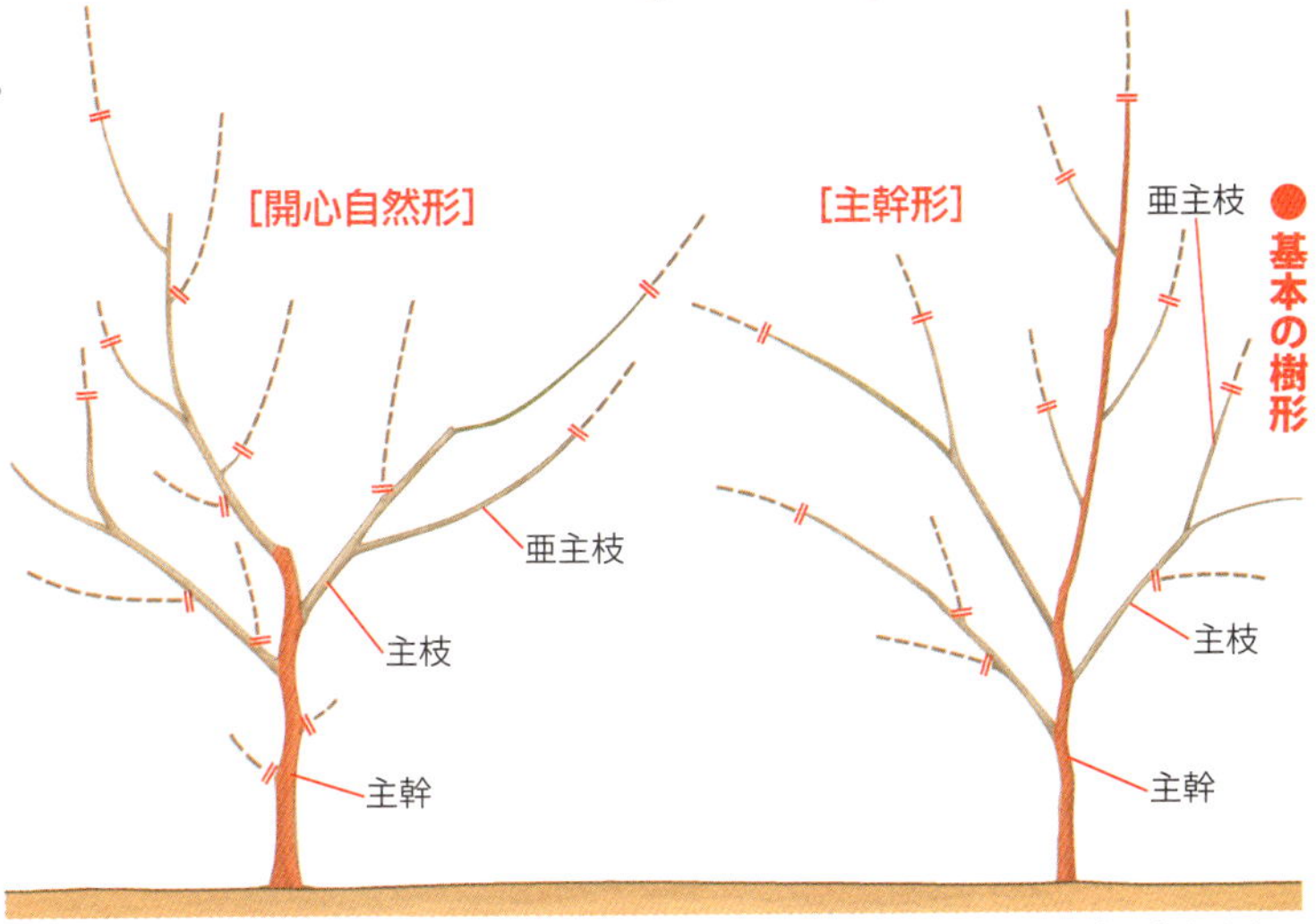

[開心自然形]
亜主枝
主枝
主幹
[主幹形]
亜主枝
主枝
主幹

[開心自然形] 樹冠内部まで日照がよく、低樹高で作業がしやすいが、徒長枝が出やすく、果重で主枝が折れることも。

[主幹形] 仕立てやすく生育もよいが、大きくなりやすく、樹冠内部が日陰になりやすい。

基本の樹形と仕立て方

さまざまな仕立て方がありますが、本書では基本的に、簡単にできる二つの仕立て方を紹介しています。一つは主幹を中心に2～3本の主枝《しゅし》をバランスよく配置した「主幹形《しゅかんけい》」です。もう一つは短く切った主幹から2～3本の主枝を伸ばした「開心自然形《かいしんしぜんけい》」です。いずれも主枝からは2～3本の亜主枝《あしゅし》を、亜主枝からは数本の側枝《そくし》を伸ばします。

ほかに「棚仕立て」や「垣根仕立て」などもありますが、それらについては、2章で樹種ごとに紹介します。

速効性の化成肥料の一例
苦土石灰
硫安
過りん酸石灰
加里
緩効性の有機質肥料の一例
油かす
魚粉
牛ふん
鶏ふん

苦土石灰　チッ素肥料　リン酸肥料　カリ肥料

油かす　魚　粉　牛　糞　鶏　糞

果樹を育てるということ

果樹栽培の魅力とは

果樹を育てたいと思う最大の理由は、自分が育てた果実を収穫し、食べることにあるでしょう。ガーデニングが好きな人は、好みの植物を育て、美しい花を咲かせることにうるおいと安らぎを覚えます。花が咲けば、果実がなり、種ができます。果樹なら、その果実や種が食べられるという楽しみが加わるのです。

また、「食の安全」に対する意識の高まりから、果物も安全・安心を自ら確かめて食べられるようにしたい、という人も増えています。

元々果樹栽培は、家庭園芸のジャンルでは、野菜栽培のサブ的なポジションといえるでしょう。夏野菜と冬野菜の間など、収穫できる野菜が少なくなるオフシーズンに収穫できる喜び、それが家庭果樹の魅力だと思います。

果樹の性質はさまざま

ただし、ひと口に「果樹を育てる」といっても、樹種によって性質はさまざまです。樹高一つ見ても、クランベリーのように1mにも満たない低木からクリのように生長すると10mを超す高木まであり、落葉性・常緑性の違いもあります。植えつけから収穫までの期間が短い野菜であれば、高温が好きなものは夏に、低温を好むものは冬に育てればよいのですが、何年もかけて育てる果樹の場合は、栽培適地も考えなければなりません。

●高木の果樹
アボカド、オリーブ、カキ、カリン、クリ、クルミ、サクランボ、ナツメ（写真）など。

●低木の果樹
キイチゴ類、クラブアップル、クランベリー、スグリ類（写真）、ブルーベリー、ユスラウメなど。

●落葉果樹
アケビ、アンズ、ウメ、カキ、スモモ、ナシ（写真）、リンゴなど。

●常緑果樹
オリーブ（写真）、カンキツ類、ビワ、ムベ、ヤマモモなど。

●短期間で収穫できる果樹
キイチゴ類（写真）、ブルーベリー、小カンキツ類、マルベリーなど。

●収穫までかかる期間が長い果樹
カキ、大カンキツ類、ビワ（写真）、ヤマモモなど。

●暖地を好む果樹
熱帯果樹全般（写真はマンゴー）、カンキツ類、ビワなど。

●寒冷地を好む果樹
サクランボ、スグリ類、ブルーベリー、リンゴ（写真）など。

すべての果樹で一つの花に雄しべと雌しべがあり、そこで受粉が行われて果実がなる（結果する、結実する）ものと思いがちですが、動物のように「雄株と雌株」「雄花と雌花」が分かれている樹種も多く、自身や同じ品種どうしでは受粉しても果実ができない樹種も多くあります。雄株と雌株が分かれている樹種ではペアで、同じ品種どうしで受粉をしても果実ができない場合は「授粉樹」を一緒に育てる必要があります。その場合は植えるスペースを考慮に入れなければなりません。

育てはじめてから果実を収穫できるようになるまでの期間もさまざまです。樹が大きくなる樹種は、苗を植えつけて数年は樹形づくりのための整枝・剪定を行う必要があり、花芽を着けはじめるのは3～5年経ってからというのが一般的です。「そんなに待てない」という人は、ある程度年数を経た大苗か、元々大きくならない小果樹がよいでしょう。種から育てたいという人もいると思いますが、多くの樹種では品種が安定せず、また、開花・結実できるまで生長するのに長期間かかります。よって、果樹栽培を始めるみなさんには、品種のはっきりした苗木を入手することをおすすめします（苗木の選び方は18ページ参照）。

果実を収穫する喜び

収穫の喜びを少しでも早く味わいたい人は、ベリーなどの果樹がおすすめです。実際に果樹を育ててみて実感するのは、野菜や草花とは比較にならないほど手間と時間がかかるということです。今おすすめしたベリー類でも、おいしい果実をならせるには、剪定や摘果など、水やりや施肥以外のさまざまな世話をしなければなりません。しかし、それだけに収穫できたときの喜びは何物にも代えがたいものがあります。

市販の果物は流通の都合で完熟前に若採りするものが多く、また、食味はよいのに果実の鮮度が落ちやすいなどの理由であまり出回らないものもあります。採りたての完熟果のおいしさを味わえるのも、家庭果樹ならではの醍醐味です。

●雄株・雌株に分かれている果樹

キウイフルーツ、サルナシ、ヤマモモ（写真）など。

●雄花・雌花がある果樹

カキ、クルミ（写真はアケビの雌花と雄花）など。

●結果には授粉樹が必要な果樹

ナシ、マルメロ、リンゴなど。

●受粉しなくても結果する果樹

イチジク、ウンシュウミカン、カキ（次郎）、ブドウ（ヒムロットシードレス：写真）など。

●家庭果樹ならではの完熟果

イチジク、スモモ、ナシ、ブルーベリー（写真）など。

●果物としては出回らないもの

イチゴノキ、サルナシ（写真）、ナツメ、フェイジョア、ポポー、ユスラウメ、ヤタイヤシなど。

条件別・果樹の選び方

植栽スペースの広さは

果樹を植えられるスペースが狭い場合は、ブルーベリーやフェイジョアなど、樹高があまり高くならないか、剪定で抑えられる果樹がよいでしょう。本来は高木になる果樹でも、矮性《わいせい》台木を使ったつぎ木苗であれば、高木にはなりません。また、枝があまり横に広がらないリンゴの品種「アルプスオトメ」やクラブアップルも狭いスペース向きです。カーポートがあれば、キウイフルーツやサルナシを栽培できます。

植えられるスペースが広い場合は、高木になる果樹、たとえばカキやクリ、ナシ、寒冷地であればリンゴも候補に入れられます。

カキ

日照条件は

大半の果樹は日当たりを好みますが、たとえばアケビ・ムベ、カーラントやグーズベリーなどのスグリ類は半日陰地でも育ち、収穫も楽しめます。

ムベ

フサスグリ

ベランダでの栽培は

低木タイプの果樹であれば、だいたい鉢植えにしてベランダで楽しめます。比較的大きくなるイチジクやサクランボも大型のコンテナで育てることができます。鉢植えには、土が乾きやすいのでこまめな水やりが必要、生長したら植え替えをしなければならないなどの手間はかかりますが、ベランダは部屋から一歩出たところにあるので、人工授粉などの世話をしやすい利点もあります。ぜひ、ベランダでも果樹栽培を楽しんでほしいと思います。

サクランボ（暖地桜桃）

収穫がメインか観賞ついでか

せっかくなので、どちらも楽しみたいものです。観賞メインの人におすすめなのは、花が美しいアンズ、ウメ、サクランボ、ナシ、リンゴなどのバラ科果樹。パッションフルーツやフェイジョアは風変わりな花が咲きます。イチゴノキやブルーベリーはスズランのようなかわいい小花を咲かせます。花の香りがよいのはウメ、カンキツ類、オリーブなど。花期には芳香が周囲一帯に漂います。

また、収穫がメインの場合も、家庭果樹では「10～20果収穫できれば大成功」と考えてください。鉢植えの場合はさらに少なくなります。たくさん花が咲いても、収穫までもっていけるのは20％程度です。大げさなようですが、自然界で生物が生き残れる確率を考えれば、20％はかなりの高確率といえるでしょう。

イチゴノキ

ウメ

パッションフルーツ

フェイジョア

世話をしなくても実がなる果樹は

なるべく世話をしたくない人、普段忙しくて時間をとれない人、別荘があってそこに何か果樹を植えたい人は、カキ、キンカン、グミ、クリ、クルミ、ナツメ、ビワなど、手間をかけなくても実をならせる果樹がおすすめです。

グミ

キンカン

住まいの地域は

ユズを除くカンキツ類は耐寒性が弱く、一般的に一年中屋外で育てられるのは関東南部より西の地域です。「近所でウンシュウミカンが育っていること」が、暖地性の果樹を屋外で栽培できるかどうかの目安になります。逆に、耐暑性が弱いのはクランベリーやハイブッシュ系のブルーベリー、リンゴなど。関東南部以西で育てる場合は、夏の高温と強い日差しを避けられるよう、鉢植えで栽培するとよいでしょう。

リンゴ

ウンシュウミカン

第2章 育てたい果樹

おなじみの果物からあまり知られていない果樹、熱帯果樹まで、比較的簡単に育てられるものを中心に、植えつけから収穫するまでの方法を樹種ごとに解説します。あまり知られていない果樹については、おいしい食べ方や利用のしかたも紹介しています。まずはナシとブドウから。ほかの果樹にも共通する作業が多いので、参考にしてください。

ナシ

ブドウ

花

ナシ【梨】

日本の環境に適した果樹。自家不和合性《じかふわごうせい》が強いので、相性のよい授粉樹が必要

- バラ科 ナシ属
- 落葉高木
- 栽培難易度 ★★☆
- 結果年齢 約3年

東アジア原産。北海道南部から九州まで広い範囲で栽培できます。結実させるためには、相性のよい別品種の花粉が必要です。また、ビャクシン属の針葉樹から赤星病の菌が移るので、近くで育てないようにしましょう。

栽培データ

適　地	日当たりがよく適度に湿潤な、排水性のよい場所
耐寒性	強い。北海道南部でも栽培できる
耐暑性	普通。沖縄を除く日本全国で栽培できる
耐乾性	弱い
耐湿性	強い
耐陰性	弱い。日当たりを好む
繁　殖	実生（台木として）、つぎ木
土　質	pH5.5〜6.0の弱酸性
授粉樹	必要。ほぼ自家受粉しないので、相性のよい別品種から受粉させる

栽培スケジュール（基準地域：関東南部）

作業項目	1月	2月	3月	4月	5月	6月	7月	8月	9月	10月	11月	12月
植えつけ		●	●								●	●
剪　定	●	●										●
施　肥	●		●						●	●		●
花芽分化						●	●					
摘蕾・摘果					摘果	摘果	摘果					
花期・熟期				花				実	実	実	実	
繁　殖	つぎ木	つぎ木	つぎ木			つぎ木	つぎ木	つぎ木				

おすすめの品種　家庭果樹としては、花芽がよく着く短果枝が発生しにくい西洋ナシや中国ナシよりも日本ナシが適しており、日本ナシの中でも、耐湿性の強い赤ナシの「幸水」「豊水」などがおすすめです。青ナシの「二十世紀」は多湿な地域では黒斑《こくはん》病が出やすく、栽培が難しいので、変異種で黒斑病が出にくい「ゴールド二十世紀」を選ぶとよいでしょう。

一部の品種を除き「自家不和合性」といって、同じ品種どうしでは受精・結実しない性質があり、相性のよい別品種の花粉で受精させる必要があります。授粉樹として多くの品種と相性がよいのは、「幸水」「豊水」「長十郎」「新興」です。

幸水

●日本ナシの主な品種

赤ナシ	幸《こう》水《すい》	果皮が黄褐色でやや緑色がかかり、重さは300ｇ前後。収穫期は８月中～下旬。授粉樹は「豊水」「長十郎」など
	豊《ほう》水《すい》	果皮が黄褐色で重さは350～400ｇ。収穫期は９月上～中旬。果柄が折れやすいので、上向きの実は摘果する。授粉樹は「幸水」「長十郎」など
	新《しん》興《こう》	果皮が黄褐色で重さは400～500ｇ。収穫期は10月上～下旬。花粉量が多く、別品種の授粉樹に向く。自身への授粉樹は「幸水」など
	新《にい》高《たか》	果皮が黄褐色で重さは500～1000ｇ。収穫期は10月中～11上旬。花粉が出ない。授粉樹は「幸水」「豊水」など
	あきづき	果皮が黄赤褐色で重さは500ｇ前後。収穫期は９月中～下旬。授粉樹は「幸水」「豊水」など
	愛《あ》宕《たご》	果皮が黄赤褐色で重さは１～２kg。にもなる。収穫期は11月下旬。授粉樹は「幸水」「豊水」「長十郎」
	あきあかり	果皮が黄赤褐色で重さは400ｇ前後。収穫期は８月下～９月上旬。授粉樹は「豊水」「ゴールド二十世紀」など
	南《なん》水《すい》	果皮が赤褐色で重さは350～500ｇ。収穫期は９月下～10月上旬。授粉樹は「幸水」など
	長十郎《ちょうじゅうろう》	果皮が赤褐色で重さは250～300ｇ。現在は授粉樹としての利用が多い。授粉樹は「幸水」「豊水」など
青ナシ	ゴールド二十世紀《にじっせいき》	果皮が淡緑色で重さは300ｇ。収穫期は９月上～中旬。授粉樹は「幸水」「豊水」「長十郎」など
	なつしずく	果皮が黄緑色で重さは300ｇ前後。収穫期は８月中～下旬。授粉樹は「幸水」「豊水」など
	秋《しゅう》麗《れい》	果皮が黄緑色で重さは350～400ｇ。収穫期は９月上旬。授粉樹は「豊水」「ゴールド二十世紀」など

苗木の植えつけ　日当たりがよく、水はけのよい場所を選んで、約直径50㎝×深さ50㎝の丸い穴を掘り、掘り上げた土に腐葉土を多めに混ぜ込みます。混ぜ込んだ土の半分に土２、油かす１、発酵牛糞１の割合で加えてよく混ぜ、掘った穴に戻します。苗木を根土ごと穴に入れて残りの土を戻し、たっぷりと水をやります。苗木が細いので支柱を立て、ひもで結んでおきましょう。支柱は、１年経てば外しましょう。そのままにしておくと、ひもが幹に食い込んでしまいます。

乾燥を嫌うので、植えつけ後はわらなどを株周りに敷いておきます。植えつけ時期は、11月中旬～12月と２月中旬～３月が適期ですが、寒冷地では３月頃が安心です。ちょうどその頃に出回るつぎ木苗を購入するとよいでしょう。

●苗木の植えつけ

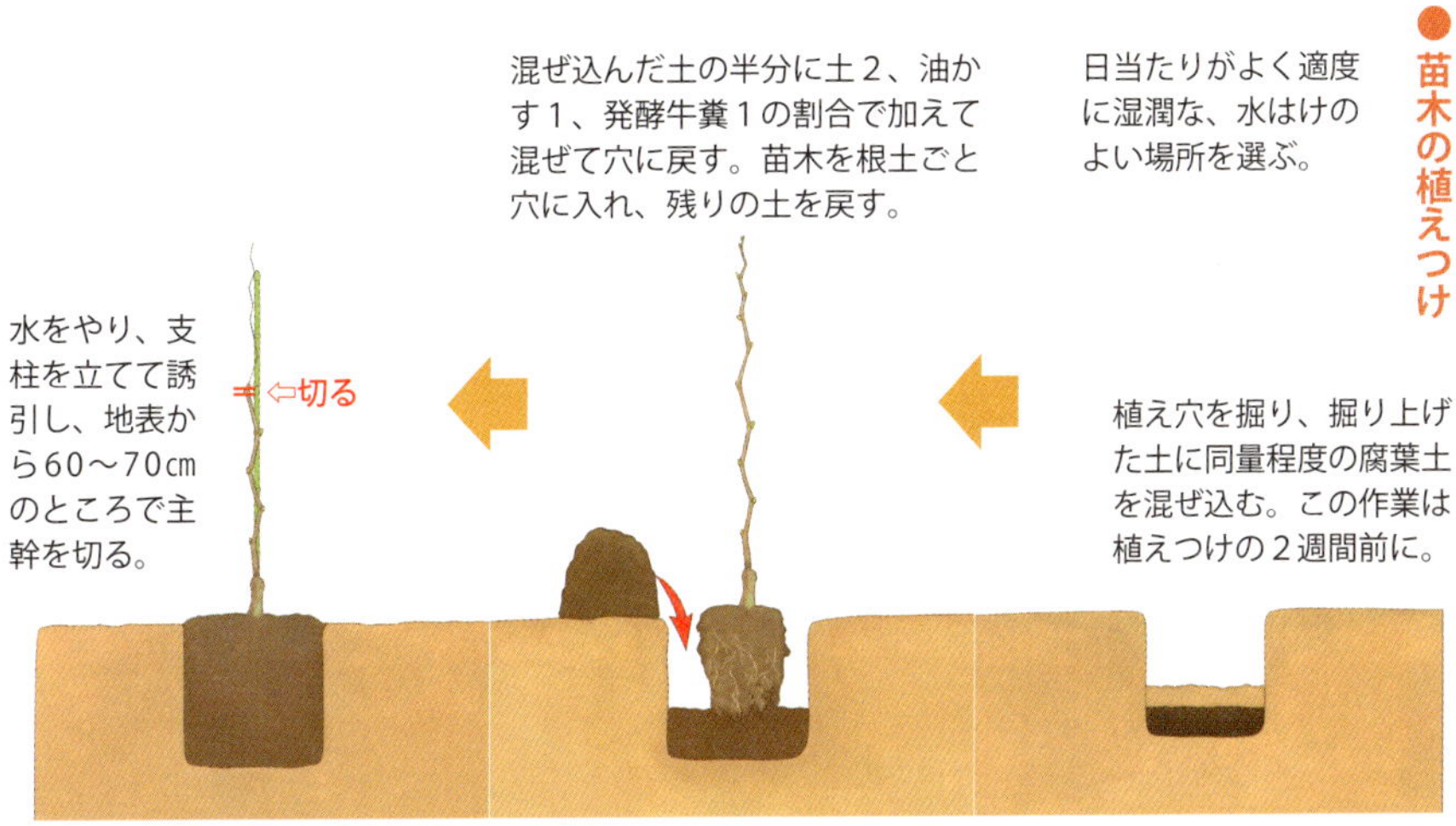
日当たりがよく適度に湿潤な、水はけのよい場所を選ぶ。

植え穴を掘り、掘り上げた土に同量程度の腐葉土を混ぜ込む。この作業は植えつけの２週間前に。

混ぜ込んだ土の半分に土２、油かす１、発酵牛糞１の割合で加えて混ぜて穴に戻す。苗木を根土ごと穴に入れ、残りの土を戻す。

⇦切る
水をやり、支柱を立てて誘引し、地表から60～70㎝のところで主幹を切る。

● 2年目の剪定（12～2月）

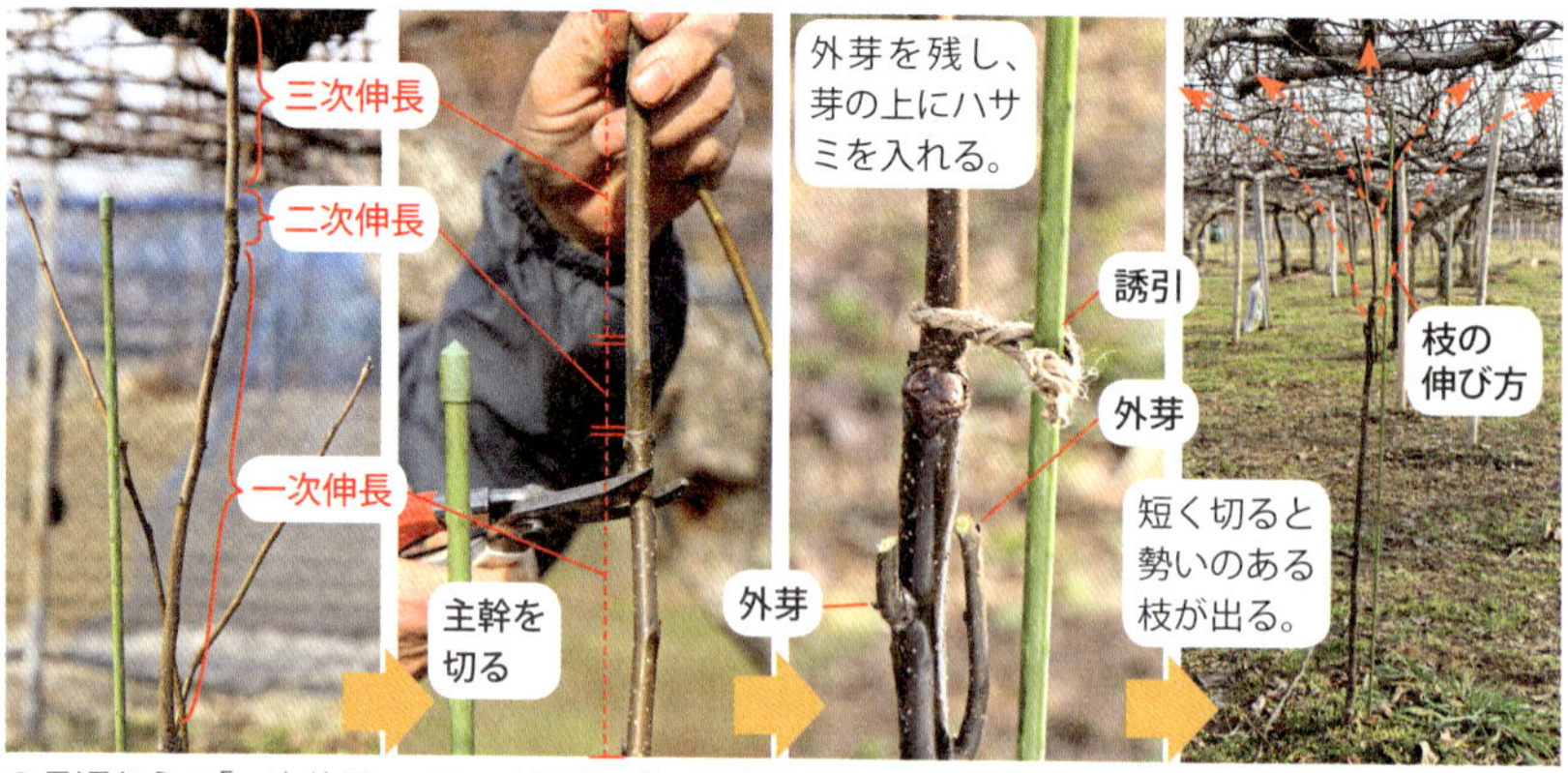
三次伸長
二次伸長
一次伸長
主幹を切る
外芽を残し、芽の上にハサミを入れる。
誘引
外芽
外芽
短く切ると勢いのある枝が出る。
枝の伸び方

３月頃からの「一次伸長」、７～８月頃の「二次伸長」、秋～冬の「三次伸長」と、年に３回伸びる場合、主幹は「二次伸長のぎりぎり下」で切る。枝は弱いものを間引き、残す枝は短く切る。

整枝・剪定のコツ　苗木を植えつけたら、地表から60～70cmのところで切ります。2年目は、主幹から伸びた新梢を3分の1ほど切ることで、勢いのよい新梢の発生を促します。また、主枝候補の2～3本を残し、残りの枝は付け根から取り除きましょう。

● 棚仕立てのしかた（12～2月）

①

②
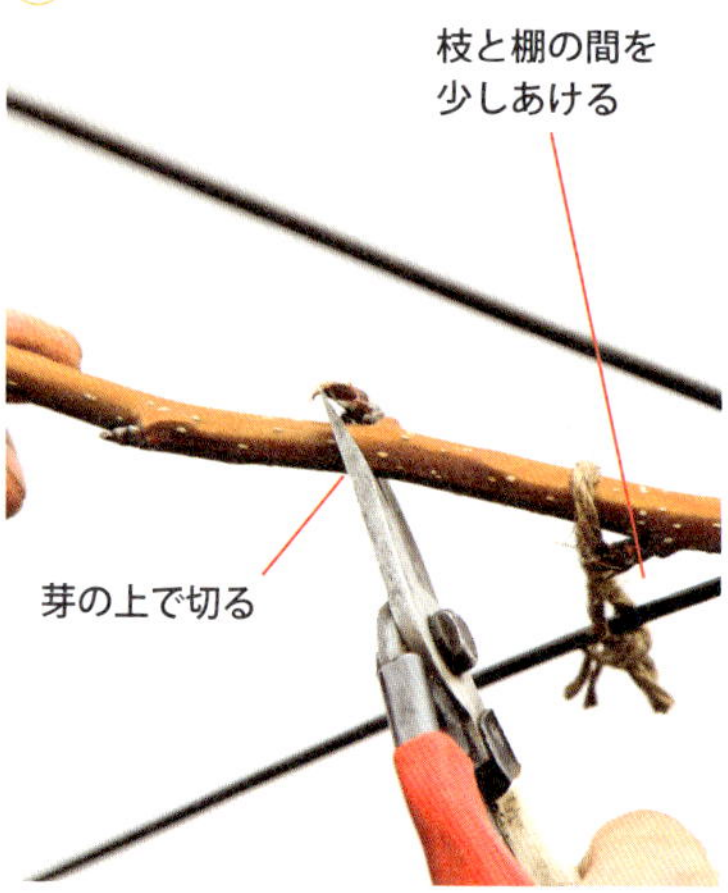
枝と棚の間を少しあける
芽の上で切る

③

①ひもを主枝に結んで誘引する。
②芽の上で切ると、その芽から勢いのある枝が伸びる。
③位置が悪く、思うように結べないときは、下から斜めに「添え木」をわたすとよい。

3年目から「棚仕立て」にするため、主枝を棚に誘引していきます。左の例はナシ園なので、周囲の柵や頑丈な土台を組んで、そこに銅線をわたしていますが、ホームセンターなどで市販されているパイプとジョイントで組む棚も便利です。

ひもを主枝に結び、棚に固定します。固定した部分のすぐ上の芽を残し、芽の4～5㎜上で主枝を切ります。その枝の腹面（下面）についている芽は、主枝の伸びを邪魔しないよう、取り除きます。

3～4年目になると、花芽が着き始めます。結実後に枝が風で揺れると、果実が落ちたり傷ついたりするので、花芽が着いた枝も、棚に誘引しておきましょう。

なお、豊水などの大果種は、果重で枝が折れないよう、枝の上面に着いた花芽は取り除きます。

伸ばす主枝と花芽が着いた枝を残して、細枝や低い位置から出た枝などは、付け根から取り除きます。また、主枝を勢いよく伸ばすため、主枝の背面（上面）から出る枝（直上枝＝主枝より太くなる）も付け根から切り落とします。切り口には必ず癒合剤を塗っておきましょう。

整枝・剪定は、12～2月が適期です。

●剪定と太枝の処理（12～2月）

①無駄な枝を付け根から取り除く。
②主枝から出る直上枝も付け根から切り落とす。
③ギリギリまで切り、剪定痕に癒合剤を塗る。樹が自らの組織で傷を塞ぐまで、毎年塗ること。

6月中旬になると、だいぶ枝葉が茂ってきます。横方向に伸びた新梢は、ひもをかけて起こしましょう。枝には上に養分を引っ張る性質があるので、勢いのよい枝になり、棚下への日当たりもよくなります。また、上に伸びる勢いのよい枝を倒して棚に誘引すると、その枝に花芽がよく着く短い枝（短果枝）がたくさんできます。本格的な誘引は冬の剪定時に行いますが、枝が硬くて折れることがあるので、枝がやわらかい6月中旬に軽く曲げておくとよいでしょう。

花芽は6月下旬～7月下旬頃、枝の頂部に分化して、翌年の春、そこから葉が開くのと同時に花が房状に咲きます。花は2年目の枝と短果枝によく咲きますが、「幸水」には短果枝が残りにくい性質があるので、毎年短果枝が着かなくなった枝を切って、発生を促す必要があります。その他の短果枝が残りやすい品種は短果枝が着く枝を4～5年は使えますが、その分、太い枝が多くなります。

●横方向に伸びた新梢を起こす（6月中旬）

横方向に伸びた新梢の基部近くにひもをかける。
ひもを引いて新梢を起こし、ひもを棚に固定する。

新梢の中には、棚面の上を横方向に伸びるものがある。そのような新梢の基部近くにひもをかけて縦に起こすと、養分を引っ張ってくる元気のよい枝になる。

●来年の結果枝づくり

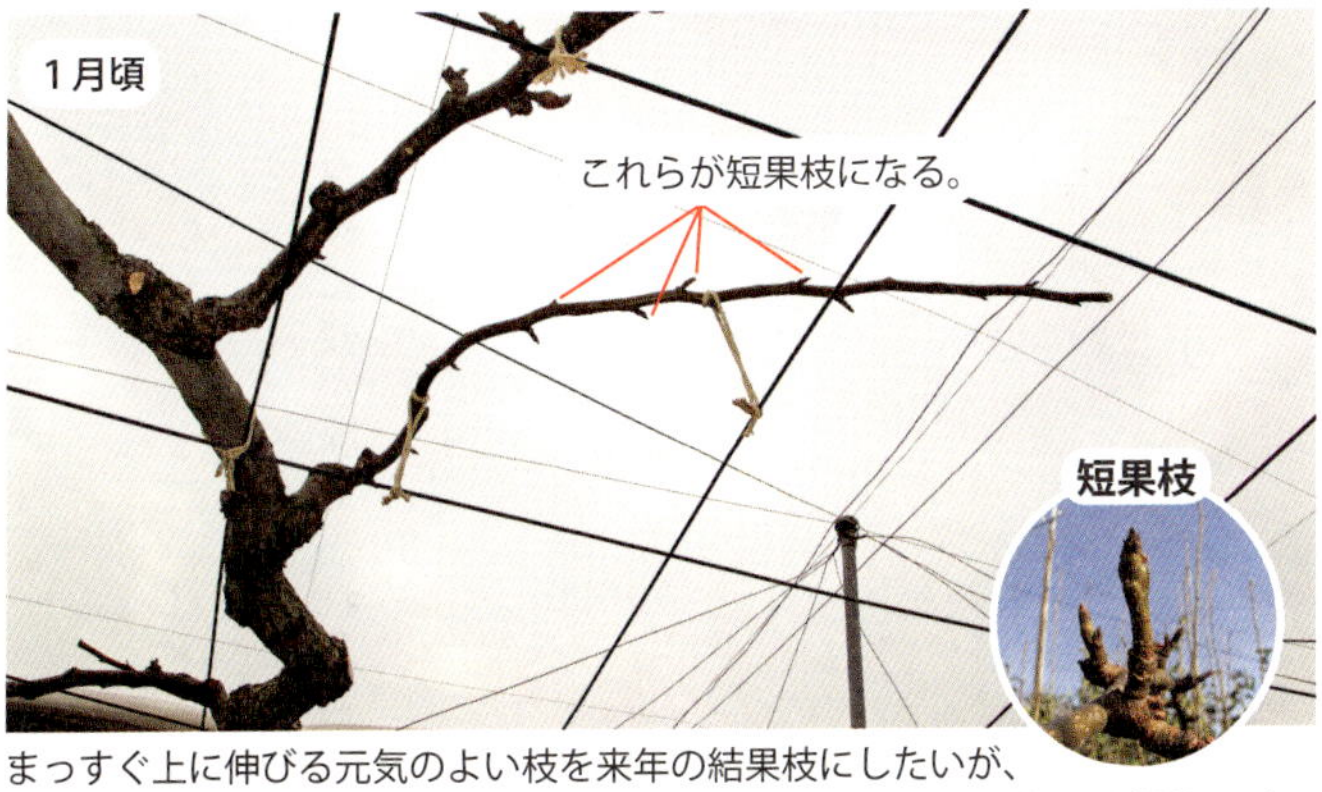
1月頃
これらが短果枝になる。
短果枝

まっすぐ上に伸びる元気のよい枝を来年の結果枝にしたいが、硬化したあとでは曲げる際に折れるので、6月中旬に軽く曲げて、誘引しておくとよい。冬作業を本格的に行う際に、枝を折らずに曲げられる。

よい実をならせるコツ

相性のよい2品種以上を一緒に育てておけば、花期には、ハチなどの昆虫によって自然に受粉されますが、確実に受精させるためには、人工授粉を行うとよいでしょう。

5月頃に1回目の摘果を行います。その頃には直径2cmぐらいに生長しますが、よく見なければわからないぐらいの「雹《ひょう》による傷」や「枝・棚によるスレ」がついているかどうかを一果一果、ていねいに見て、あるものから摘果していきます。残すのは、短果枝1本当たり1果です。葉が落ちてしまった短果枝の実も、それ以上大きくならないので摘果します。

1回目の摘果から1か月後に、2回目を行います。1回目と同じく傷やスレのあるもの、病気に冒されたものから摘果します。残す目安は、1m程度の枝に5～6果、1・2～1・3mの枝に7～8果です。初心者は摘果をためらいがちですが、それでは果実が大きくなりません。確実に行いましょう。

梅雨期に入り、カビによる黒星《くろほし》病などの病気が発生しはじめます。摘果して処分すれば蔓延は防げますが、葉が多いので、病気の果実を見落とさないようにしましょう。

梅雨明け、7月頃に最終摘果を行います。前回見落とした着果数が多い部分や病気・傷・スレのあるものを摘果します。

●人工授粉のしかた（4月中旬）

開花直後はまだ、雄しべから花粉は出ていない。出てくるのは2～3日後。花粉が出始めた花を器に摘んでおいて、梵天（筆でもよい）に花粉をまぶし、雌しべを軽く叩くようにする。

●1回目の摘果（5月中旬）

①小さな傷でも、果実の肥大につれて大きな傷痕になる（左・中：棚の銅線によるスレ／右：雹による傷）。
②残す実を指で押さえ、他の実を果柄の部分で切る。葉を切らないように。
③実は大きくなるにつれて下を向く。そこに銅線があるとスレが生じるので、銅線をどける。

●2回目の摘果（6月中旬）

①2回目の摘果も傷やスレ、病気があるものから摘果する。残す目安は、1m程度の枝に5～6果、1.2～1.3mの枝に7～8果。
②黒星病の実。スレだと黒く光るが、黒星病はススのよう。カビの部分に触れないで処分すること。
③幼果の断面。均等に受粉した実（左）、受粉が不均等だった実（右）。

水やりと施肥 乾燥を嫌います。土づくりをして、適地に植えつけておけば、普段はとくに水やりを行う必要はありませんが、高温と乾燥が続く夏場は、乾かさないように注意してください。

肥料は、12～1月に有機質肥料を、3月と収穫後の9～10月には(ナシ専用の)化成肥料を与えます。肥料は、株周りの全面にまき、軽くすき込んでおきます。

豊水

新興

収穫のコツ 品種によっては、果肉が熟すより早く果皮が着色するものがあります。見た目では判断が難しいのですが、枝についた果実を下から持ち上げてみてください。熟したものは、果柄から取れやすくなります。西洋ナシや中国ナシとは異なり、追熟の必要はありません。

主な病害虫とその防除 ナシは、病害虫の多い果樹です。無農薬栽培は難しいでしょう。病気は、赤星《あかほし》病や黒星病、黒斑《こくはん》病などが発生します。赤星病は、カイヅカイブキなどビャクシン属の針葉樹から移るので、近くで育てないようにします。黒星病は赤ナシに多い病気で、果実や葉に黒いススのようなカビが発生します。黒斑病は主に「二十世紀」に発生し、果実や葉に黒い斑が広がり、落果・落葉させます。薬剤を使って防除し、病気が出た部分を早めに切除して処分します。害虫は、アブラムシやカイガラムシ、カメムシ、ハダニ、シンクイムシなどのガの幼虫(葉や果実を食害)が発生します。目につく害虫は補殺し、その他は適応する薬剤で駆除しましょう。

また、6～7月の摘果後に果実へ袋がけをしておくと、黒斑病や吸汁性害虫からの被害をある程度防ぐことができ、薬剤の使用を減らすことにもつながります。

鉢植えでの育て方 直径21～24cmの鉢に赤玉土6、腐葉土3、川砂1の配合土を入れて水をたっぷりと含ませ、根土ごと植えつけます。根土が大きい場合は少し崩しますが、細い根は切らないようにしてください。植えつけ後も水をたっぷりと。日当たりがよい場所で育てます。

植えつけたら鉢と同じ高さで幹を切り、主幹から2～3本の主枝がバランスよく出るように樹形を整えていきます。乾燥を嫌います。土の表面が乾いたら、たっぷりと水をやり、夏は午前中と夕方など、与える回数を増やしましょう。

肥料は、4月、6月、9月に油かすの固形肥料を与えます。

和合性のある(相性のよい)数品種を一緒に育てると結実しやすくなります。2～3回摘果を行い、1鉢当たり3果程度の収穫を目指しましょう。

● 鉢植えのしかた

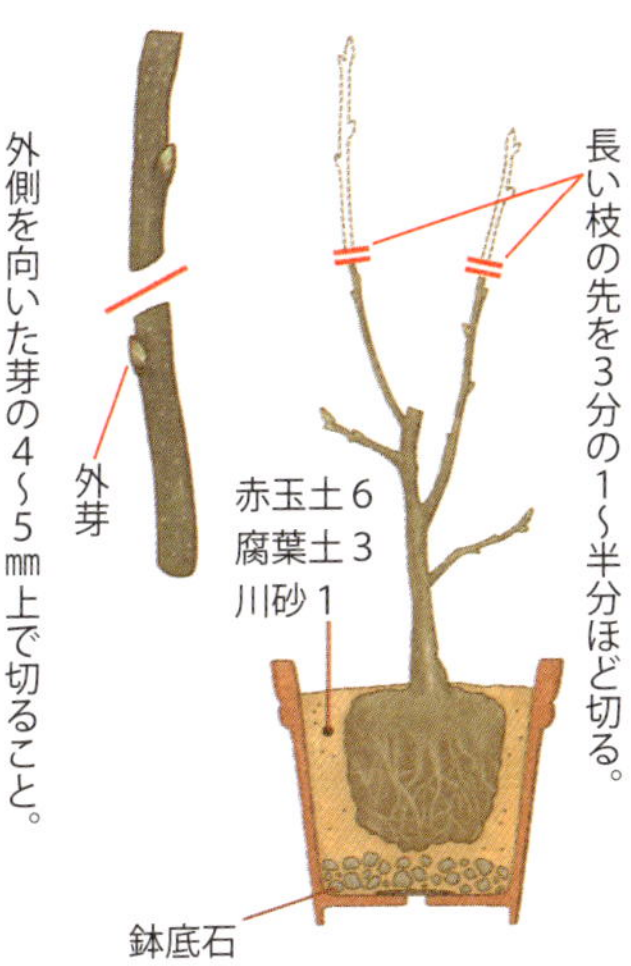
長い枝の先を3分の1～半分ほど切る。
赤玉土6
腐葉土3
川砂1
鉢底石
外芽
外側を向いた芽の4～5㎜上で切ること。

未熟果

ブドウ【葡萄】

日本の気候に適した果樹。棚仕立てや柵を利用した垣根仕立てなどで育てる

世界各地に原種があり、中でもヨーロッパ系と北アメリカ系との交配種が丈夫です。つるの誘引や樹勢の調整、整房、摘房、袋がけと手間はかかりますが、美しく色づいた房なりの果実を見る喜びは格別のものです。

- ブドウ科 ブドウ属
- つる性落葉樹
- 栽培難易度 ★★☆
- 結果年齢 約3年

栽培データ

適　地	日当たりがよく、排水性のよい場所
耐寒性	強い。北海道でも栽培できる
耐暑性	強い。沖縄でも栽培できる
耐乾性	強い。乾燥地でもよく育つ
耐湿性	強い

耐陰性	弱い。日当たりを好む
繁　殖	さし木
土　質	pH7.0前後。中性～弱アルカリ性寄りの土質に調整する
授粉樹	栽培品種は雌雄同株なので、とくに必要ない

栽培スケジュール（基準地域：関東南部）

作業項目	1月	2月	3月	4月	5月	6月	7月	8月	9月	10月	11月	12月
植えつけ	●⇦暖地		●	●⇦寒冷地							暖地⇨	●
剪　定	●	●										
施　肥										●		●
花芽分化					●	●						
摘蕾・摘果					●	●	●					
花期・熟期					花	花	実	実	実	実		
繁　殖			さし木									

よくある疑問点とその対処

Q 種なしブドウにする方法を知りたいのですが。

A ジベレリン水溶液をつくり、1回目は開花前に、2回目は開花後に花房を浸します。1回目で種ができないようにし、2回目で果実が肥大します。若木のうちは、枝や葉の伸長に養分を取られて実なりがよくないのですが、このジベレリン処理によって、大きな果実ができます。品種によって行う時期などが若干異なるので、薬剤の使用説明書をよく読んでから行ってください。ただし、処理を行わない果実のほうが糖分が上がるので、おいしいという人も多くいます。

おすすめの品種　「巨峰」「キャンベル・アーリー」「スチューベン」「デラウェア」「ナイアガラ」「マスカット・ベリーA」など欧系と北米系の交配種が、家庭果樹としておすすめです。山梨県の固有種「甲州」はヨーロッパ系ですが、栽培の歴史が古く、日本の天候に適しています。

藤稔（大粒）

●おすすめの品種

キャンベルアーリー	黒紫色の果皮で１粒の重さは５ｇ前後、収穫期は８月上旬～９月上旬。育てやすい
巨《きょ》峰《ほう》	黒紫色の果皮で１粒の重さは12～15ｇ、収穫期は８月中旬～９月上旬。よい実なりにするには、やや手間がかかる
甲《こう》州《しゅう》	薄紫色の果皮で１粒の重さは５ｇ前後、収穫期は９月下旬～10月上旬。育てやすい
シナノスマイル	赤色の果皮で１粒の重さは15ｇ前後、収穫期は８月頃。樹勢はやや強い
スチューベン	黒紫色の果皮で１粒の重さは５ｇ前後、収穫期は９月頃。育てやすい
デラウエア	鮮紅色の果皮で１粒の重さは２ｇ程度、収穫期は７月上旬～８月中旬。丈夫で鉢植えにも向く
ナイアガラ	薄緑色の果皮で１粒の重さは10ｇ前後、収穫期は９月上旬～10月上旬。丈夫で鉢植えにも向く
ヒムロットシードレス	薄緑色の果皮で１粒の重さは５～８ｇ、収穫期は８月上旬～中旬。元々、種ができない品種。育てやすい
藤《ふじ》稔《みのり》	黒紫色の果皮で１粒の重さは20～30ｇ、収穫期は８月中～下旬。樹勢が強く、生長が早い
紅《べに》伊《い》豆《ず》	鮮紅色の果皮で１粒の重さは15ｇ程度、収穫期は８月上旬～９月上旬。育てやすい
マスカット・ベリーA	黒紫色の果皮で１粒の重さは10ｇ程度、収穫期は８月上旬～９月上旬。実なりがよく、育てやすい

ヒムロットシードレス（小粒）

デラウエア（小粒）

シナノスマイル（中粒）

巨峰（大粒）

ピオーネ（大粒）

苗木の植えつけ　日当たりがよく、排水性がよい場所が栽培適地です。交配種を選べばあまり気にしなくてもよいのですが、土壌が酸性寄りの場合は、植えつける10日～2週間前には苦土石灰《くどせっかい》で酸度を調整しておきましょう。

植えつけは、約直径50cm×深さ50cmの丸い穴を掘り、掘り上げた土に同量程度の腐葉土を混ぜ込みます。混ぜ込んだ土の半分に土2、油かす1、発酵牛糞1の割合で加えてよく混ぜ、掘った穴に戻します。苗木を根土ごと穴に入れて残りの土を戻し、たっぷりと水をやります。

植えつけ時期は、暖地では12～1月、寒冷地では3～4月が適期です。

整枝・剪定のコツ　高さ2m程度の棚をつくってつるを這わせるか、フェンスなどにからませます。屋根つきのカーポートの下は雨が防げるのでより適しています。植えつけたら主幹を支柱に誘引し、4～5芽を残して先端を切ります。春には枝（つる）が伸びますが、上の棚に主幹の先が届くまでは、主幹以外の枝をすべて切り取ります。

2年目は、棚の上に伸びた主幹と側枝の先端を切ります。

3・4年目から花芽が着きはじめます。枝を、付け根から2～3芽を残して切り、新梢の発生を促します。

樹形が整ったあとは、枯れ枝や混み合った部分の枝を間引きます。枝どうしが近い場合や重なっている場合は、若い枝を残してもう一方を付け根から取り除きます。残すと互いに陰をつくり、両方とも枯れてしまいます。残す枝は、枝先を切ります。こうしておかないと枝葉の伸長に養分が回り、結実が悪くなります。

ただし、切り方にポイントがあります。樹勢が強い「巨峰」「甲州」「デラウェア」などは付け根から7～10芽のところで切って枝を長く残し（長梢剪定）、樹勢が弱い「キャンベルアーリー」「ナイアガラ」「マスカット・ベリーA」などは付け根から2～3芽のところで切って枝を短くします（短梢剪定）。「巨峰」は、なるべく細い枝を残しましょう。

整枝・剪定の時期は、落葉期の12～2月が適期です。

雨を防ぐと病気になりにくい。

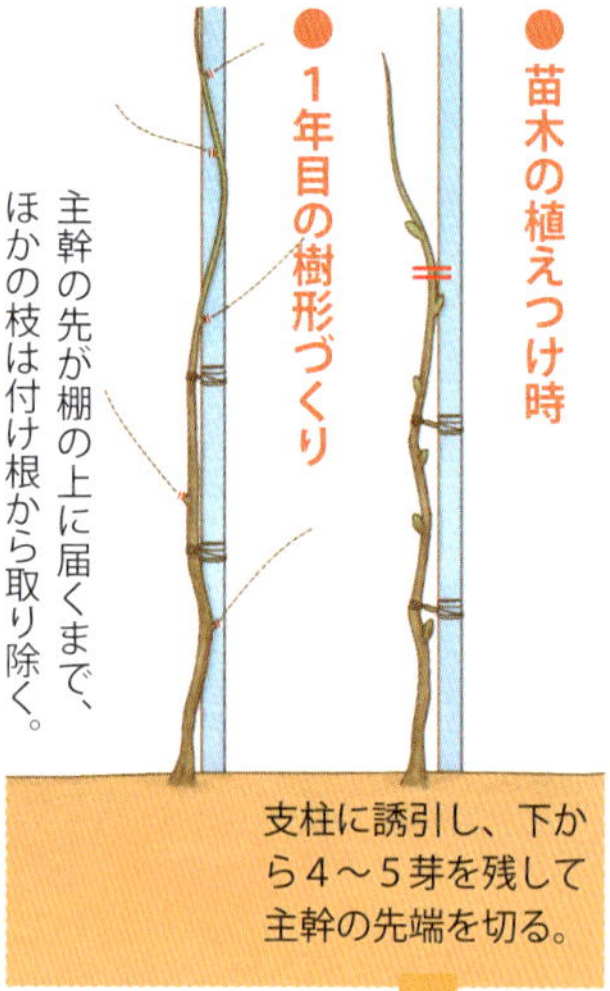

●苗木の植えつけ時
●1年目の樹形づくり
主幹の先が棚の上に届くまで、ほかの枝は付け根から取り除く。
支柱に誘引し、下から4～5芽を残して主幹の先端を切る。

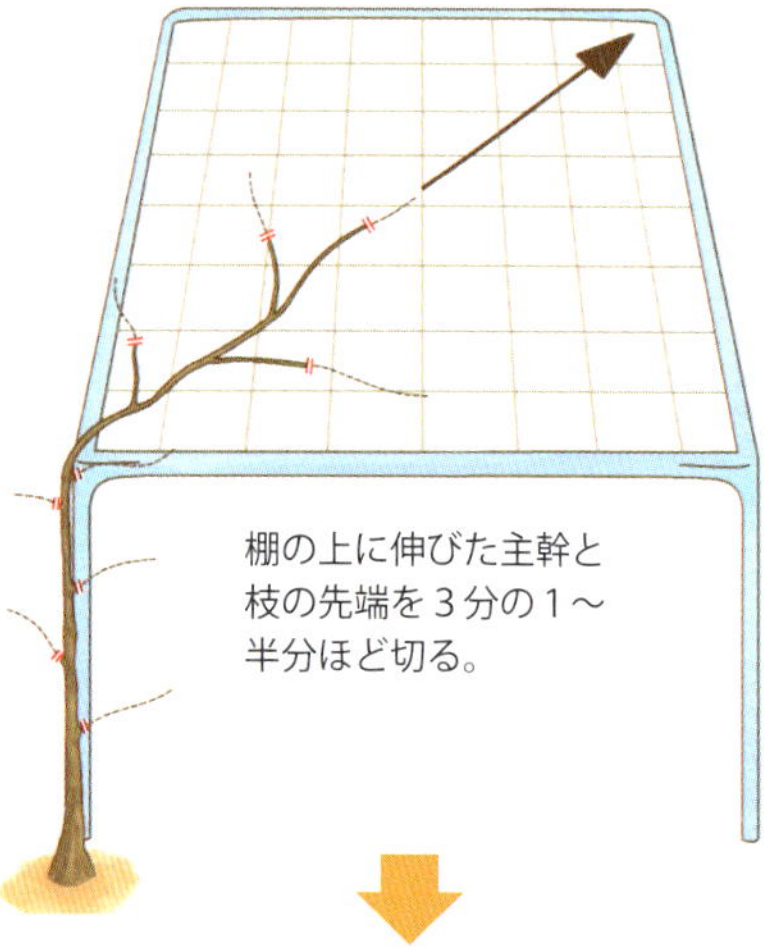

●2年目の樹形づくり
主幹を対角線に伸ばす。
棚の上に伸びた主幹と枝の先端を3分の1～半分ほど切る。

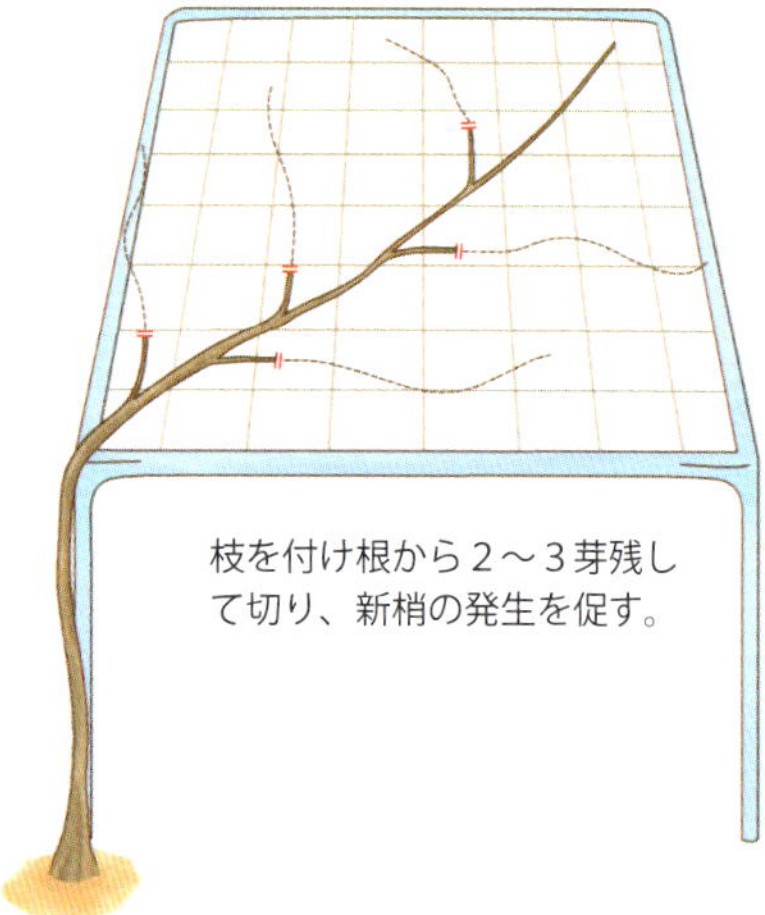

●3・4年目の樹形づくり
枝を付け根から2～3芽残して切り、新梢の発生を促す。

●間引き剪定

細いつるや枯れ枝、徒長枝などは、残さないように付け根から切り取る。

●短梢剪定と長梢剪定

左が短梢剪定。短く切ると、新梢が勢いよく伸びるので、元々樹勢が弱い品種に向いている。右が長梢剪定。樹勢が強い品種に向いている。また、ブドウの場合は、剪定後に多少枯れ込むことを想定して、芽から5～6㎝離れた部位で切る。

●長梢剪定の例

●成木の剪定

樹勢が強い品種では、枝が1年に数mも伸びる。剪定を行わないと、枝葉に養分が取られて実なりが悪くなり、枝どうしも互いに陰をつくって枯れることになる。まずは、前年に誘引したひもをすべて切る。次に枯れ枝やつるなどの不要な部分から取り除いていく。樹勢の強弱によって、短梢剪定か長梢剪定を行う。
剪定前(左)と剪定後(右)。これぐらい切っても、生育期には棚一面が枝葉で覆われる。

誘引の際は、風で揺れてもよいように「遊び」をつくる。固定すると、新芽だけが揺れて、取れてしまう。また、枝どうしの間を離したいときに、棚の枠などが近くにない場合は、枝にひもを巻きつけて、遠くに誘引する。

よい実をならせるコツ

花芽は5～6月頃、前年枝の葉腋に分化し、翌春にそこから伸びる新梢に花房ができて開花します。花期は5月下旬～6月頃です。

1本の前年枝から複数の新梢が伸び、そこに複数の花房ができて、さらに花房には無数のつぼみが着いているので、すべてを咲かせるだけでブドウの樹が消耗してしまいます。そこで、まずは開花の数日前に、1花房当たりのつぼみの数を減らす「整房《せいぼう》」を行います。花が咲いて実がアズキ大～ダイズ大になったら、1枝当たり1果房程度に調整する「摘房《てきぼう》」を行います。摘房後、果粒が肥大してきたら、果粒どうしがぶつからない程度に「摘粒《てきりゅう》」を行います。生育の悪い粒などを間引いておくと、充実した形のよい果房になります。

●整房のしかた

「巨峰」の花房。つぼみの数は760個ほど。左右の脇の房と中央の房の先端を摘む。

果柄に傷があると生長しない。このような果房は付け根から取り除いておく。

●開花のようす

「巨峰」の花。開花時につぼみを覆っていた「キャップ＝花弁の痕」が取れる。

開花時に雨に当たり、キャップがとれなかった花。受粉不良で、実が大きくならない。したがって、花期に雨に当てないことがうまく結実させるポイントになる。

よい実ができる果房の見分け方。枝と房のつなぎ目を見て、枝が少しふくれ、果房の柄がくびれてやや色づいたのが、よい果房になりやすい。

●摘房のしかた

「巨峰」など大粒の品種は1枝に1果房、「デラウエア」など小粒の品種は2果房に間引く。実がアズキ大～ダイズ大になる頃に行うとよい。生産者は大規模栽培で間に合わないので、実がマッチ棒の頭大になる頃から摘房を始める。

●摘粒について

このような果房では、摘粒の必要はない。正常に着果した場合は、小粒の品種で1房当たり80～100粒、大粒の品種で30～35粒にするとよい。

水やりと施肥　元々、乾燥したやせ地で生育する性質がある(ヨーロッパ系)ので、庭植えの場合は、とくに水をやる必要はありません。
肥料も、数年は植えつけ時の元肥だけで十分です。生長後は、収穫後と冬に化成肥料を与えます。

施肥量は控えめに。養分が多すぎると新梢が徒長するばかりで、結実が悪くなる。土地にもよるが、写真のブドウ畑では下草を生やして余計な養分を吸わせている。

収穫のコツ　果皮が十分に色づき、表面に白いロウ物質(ブルーム)が出た果房から収穫します。果皮が緑色の品種は、試食をしてみるとよいでしょう。

主な病害虫とその防除　病気では、葉が白い粉をかぶったようになるウドンコ病、枝葉や果実に黒い小斑が出る黒痘《こくとう》病、白いカビが生じるべと病、灰色のカビが生じる灰色かび病、葉や花房にカビが生えて果実がミイラ状になる晩腐《ばんぷ》病などが発生します。害虫では、コガネムシが葉を食害し、カミキリムシの幼虫が幹や枝内を食害して枯死させます。
病気は薬剤を使って防除し、病変部を早めに切除して処分します。害虫は目につくものは補殺し、カミキリムシの幼虫は、穴から薬剤を注入して駆除します。
摘房・摘粒のあとに果房へ袋をかけておくと、黒痘病などをある程度防ぐことができ、薬剤の使用を減らすことにもつながります。また、鳥による被害も防げます。鳥は翼が傷つくことを恐れるため、テグスを張っておくと近寄りません。

摘房か摘粒の作業後、果房に袋をかけ、果柄の部分でくるみ、口金で軽く止める。

鉢植えでの育て方　3月頃に苗木を入手し、直径21～24cmの鉢に赤玉土5、川砂3、腐葉土2の配合土で植えつけて、たっぷりと水をやります。
植えつけたら3～4芽を残して主幹を切り詰め、暖かく日当たりのよい場所で育てます。出てくる新芽は、太く元気のよい1本を主幹として支柱に誘引し、ほかはすべて切り取ります。2年目は3月頃、アサガオのような※あんどん仕立てにして主枝をあんどんの上部に巻きつけます。芽が出たら元気のよい7～8本の新梢を誘引し、ほかの芽は切り取ります。
整房や摘果などの方法は庭植えと同じです。1鉢当たり大粒の品種で2～3房、小粒の品種で3～4房の収穫を目指しましょう。水やりは、土の表面が乾いたらたっぷりと。花期と冬は控えめにします。肥料は、6月と収穫後に油かすの固形肥料を少量、鉢縁に埋め込みます。

レスベラトロールを含む
赤ブドウや黒ブドウの果皮に含まれているポリフェノールの一種「レスベラトロール」に、長寿遺伝子として話題の「サーチュイン遺伝子」を活性化させる効果があるとされています。

※キウイフルーツ・サルナシ(P.103)参照

アケビ・ムベ【木通・郁子】

大変丈夫で育てやすく、緑のカーテンとしても再注目のつる性植物

- アケビ科 アケビ属・ムベ属
- つる性落葉樹・常緑樹
- 栽培難易度 ★☆☆
- 結果年齢 約3年

ムベ

ムベの花

アケビの花

アケビ

東アジア原産。果実は種が多いものの甘くておいしく、樹姿が美しいので古くから食用や観賞用に親しまれてきました。つるはカゴ細工などにも利用されます。夏の厳しい日差しを遮る緑のカーテンとしても再注目されています。

栽培データ

適　地	日当たりがよく、保水性と排水性がともによい肥沃な場所
耐寒性	強い
耐暑性	強い
耐乾性	弱い
耐湿性	過湿を嫌う
耐陰性	実着きは悪くなるが半日陰でも育つ。ムベは日陰でも育つ
繁　殖	実生、さし木、とり木
土　質	pH5.5～6.0の弱酸性
授粉樹	自家不和合性が強く、アケビとミツバアケビを混植するとよい

栽培スケジュール（基準地域：関東南部）

作業項目	1月	2月	3月	4月	5月	6月	7月	8月	9月	10月	11月	12月
植えつけ	●	●	⇦アケビ		●	●	⇦ムベ	ムベ⇨	●	アケビ⇨	●	●
剪　定		●				●	●					
施　肥									●	●		●
花芽分化							●	●				
摘蕾・摘果						摘果						
花期・熟期				花	花				実	実	実	
繁　殖			さし木	とり木	とり木	さし木	さし木		実生	実生	実生	

おすすめの品種　アケビは国内では本州、四国、九州に分布し、葉が5枚に分かれて手のひら状になります。ミツバアケビは東北地方に多く北海道まで広く分布し、名前の通り葉が3枚に分かれます。また、その雑種や変種のゴヨウアケビ、エボミツバアケビ、一才白《いっさいしろ》アケビ（果実が小さく主に観賞用に利用）などがあります。

ミツバアケビには果実が大きく、果皮の美しいものが多くあり、品種名がついて出回るものはほとんどミツバアケビです。

アケビは自身の花粉では結実しにくい性質が強く、アケビだけを植えても着果しないことがあります。果実を楽しみたいときはミツバアケビを選び、授粉樹としてアケビを混植するとよいでしょう。

ムベはアケビとよく似ていますが常緑で、熟しても果皮は割れません。

①葉が3枚に分かれるミツバアケビ。
②常緑のムベは柵にからませて目隠しに。
③夏の強い日光を遮ってくれるアケビ。冬には落葉して日だまりを楽しめる。

苗木の植えつけ　アケビは低温期でも根がよく伸びるので、落葉後早いうちに植えつけます。ムベは5～9月（7～8月の猛暑期を除く）が適します。約直径50cm×深さ50cmの穴を掘り、腐葉土や有機質肥料を混ぜ込んで植えつけます。

整枝・剪定のコツ　つるを柵などにからませたり、アサガオのような※あんどん仕立てにします。植えつけて2～3年は生育が遅く、着果しないこともありますが、伸びた枝（つる）を誘引しながら育てましょう。果実の収穫が目的の場合は、主枝から出る枝を左右に2本伸ばし、さらに枝を上へ伸ばします。前年伸びた枝に花芽ができ、翌春、そこから伸びた枝に開花・結実します。花芽は主に新梢の基部から数芽先にできますが、古い枝にもできることがあります。樹が成熟してくると枝が盛んに伸びますが、太い枝まで切る強剪定をしすぎると、枝ばかり伸びて花芽ができにくくなります。夏は混み合った部分の細枝をこまめに切って日当たりと風通しをよくし、冬は実がなった枝の先を、4～5節残して切ります。

よい実をならせるコツ　アケビとミツバアケビを近くに植えておけばハチなどの昆虫によって受粉します。確実に実をならせたい場合は、雌しべの先がねばねばしている状態のときに人工授粉します。うまく受粉できると1つの雌花に4～5個の果実ができます。実を大きくしたいときは1～2個残して摘果します。

　ムベはアケビに比べると自家受粉しやすいとされますが、多く実を収穫したい場合は人工授粉を行うとよいでしょう。

水やりと施肥　アケビは地表近くに根を張り、太い根から伸びる細根が少ないため乾燥を嫌います。地植えの場合は生育期に雨が少ない場合は水やりをし、夏の乾燥を避けるために腐葉土やわらなどを株元に敷くとよいでしょう。鉢植えでは、生育期の水切れに注意します。

　肥料は落葉したら早めに寒肥を与え、花芽ができ終わる9～10月に追肥をします。養分が不足すると雌花ができにくくなりますが、6～7月に窒素肥料を与えると枝ばかり伸びて実着きが悪くなるので注意します。

収穫のコツ　果皮が大きく割れてから収穫してもよいのですが、傷がつきやすく見た目が悪くなります。果皮に弾力が出て縦に割れ始めたら収穫しましょう。

主な病害虫とその防除　病害虫の被害は多くありませんが、ウドンコ病や黒点《こくてん》病、アブラムシやカイガラムシが発生することがあります。早めに駆除しましょう。

鉢植えでの育て方　直径30cm以上の鉢で、あんどん仕立てにするとよいでしょう。

● アケビの実が熟す様子…

ⓐ4月中旬に花が咲く。花弁のように見えるのは苞《ほう》。
ⓑうまく受粉すると1つの雌花に4～5個の果実ができる。実を大きくしたいときは1～2個残して摘果を。
ⓒ10月頃には充実する。果皮が大きく割れる前に収穫を。

おいしい食べ方

新芽はてんぷらにしたり、さっとゆでて水でさらせば山菜と同様に味わえます。果実は生食が主ですが、種が多く可食部が少ないため、裏ごしして種を取り除き、冷凍してシャーベットにしても美味。

※キウイフルーツ・サルナシ（P.103）参照

カキ【柿】

日本の代表的な家庭果樹。枝もたわわに実を着けた樹姿は、秋の風物詩

東アジア原産。渋ガキと甘ガキがありますが、甘ガキは明治期に日本でつくられた品種です。渋ガキはやや寒冷な地域向き。甘ガキは暖地向きで、秋の気温が低いと渋が十分に抜けなくなります。秋の葉色の変化も美しいものです。

- カキノキ科 カキノキ属
- 落葉高木
- 栽培難易度 ★★☆
- 結果年齢 約4年

栽培データ

適　地	日当たりがよく、保水性のよい肥沃な場所
耐寒性	強い。寒冷地では渋ガキを栽培
耐暑性	強い。暖地では甘ガキを栽培
耐乾性	乾燥に弱く、水切れに注意
耐湿性	強い

耐陰性	半日陰でも育つ
繁　殖	実生、つぎ木
土　質	弱酸性
授粉樹	雌雄異花。雌花だけ咲く品種や雄花が少ない品種があり、その場合は、人工授粉が必要

栽培スケジュール（基準地域：関東南部）

作業項目	1月	2月	3月	4月	5月	6月	7月	8月	9月	10月	11月	12月
植えつけ		●	●⇦寒冷地							暖地⇨	●	●
剪　定		●	●									
施　肥	●									●		●
花芽分化							●					
摘蕾・摘果					摘果	摘果						
花期・熟期				花	花					実	実	
繁　殖	つぎ木	つぎ木	つぎ木			つぎ木	つぎ木	つぎ木		実生	実生	

よくある疑問点とその対処

Q カキの実が熟す前に次々と落果してしまい、ほとんど収穫できません。

A ヘタに虫の糞が付着していれば、カキノヘタムシガ（カキノミガ）による被害が考えられます。卵から孵化した幼虫（カキノヘタムシ）はまず芽を食べてから果実へ移り、果柄とヘタの間から侵入して食害します。被害果は赤く変色し、ヘタを残して落果します。成虫は地域によって若干の差はありますが、5月末頃と7月末頃の年2回出現し、したがって、被害も2回発生します。防除の適期は幼虫が果実に移る前の6月と8月です。適期を逃さずに薬剤で駆除しましょう。

おすすめの品種　栽培の歴史が古く、各地域の気候に適したさまざまな品種が作出されています。大まかに分けると、渋ガキは北海道南部～本州、甘ガキは関東南部以西での栽培に向いています。

カキには、1本の木に雄花と雌花が着く品種と、雄花がないか少ない品種があり、甘ガキの多くは後者のタイプです。受粉しなくても果実が大きくなって熟す（種なしになる）ものが多いのですが、花粉がよく出る「禅寺丸」「筆柿」「正月」などと一緒に植えるとよいでしょう。

盆栽で使われるロウヤガキやシセントキワガキはカキの近縁種で、渋くて食べられません。

渋ガキ　つねに渋い果実がなる品種。渋を抜けば甘ガキより甘い品種も多い。愛宕《あたご》、市田柿《いちだがき》、甲州百目《こうしゅうひゃくめ》、西条《さいじょう》、堂上蜂屋《どうじょうはちや》、刀根早生《とねわせ》、蜂屋《はちや》、平核無《ひらたねなし》　など

不完全甘ガキ　種が多いと渋が抜けて甘《あま》くなる品種。種が少ないと渋が残る。甘百目《ひゃくめ》、正月《しょうがつ》、禅寺丸《ぜんじまる》、筆柿《ふでがき》、西村早生《にしむらわせ》、黒柿《くろがき》　など

完全甘ガキ　種の有無にかかわらず甘い品種だが、寒冷地では渋が残るので不適。伊豆《いず》、次郎《じろう》、新秋《しんしゅう》、太秋《たいしゅう》、花御所《はなごしょ》、富有《ふゆう》、陽豊《ようほう》　など

● **樹形づくり**

〈植えつけ時（1年目）〉

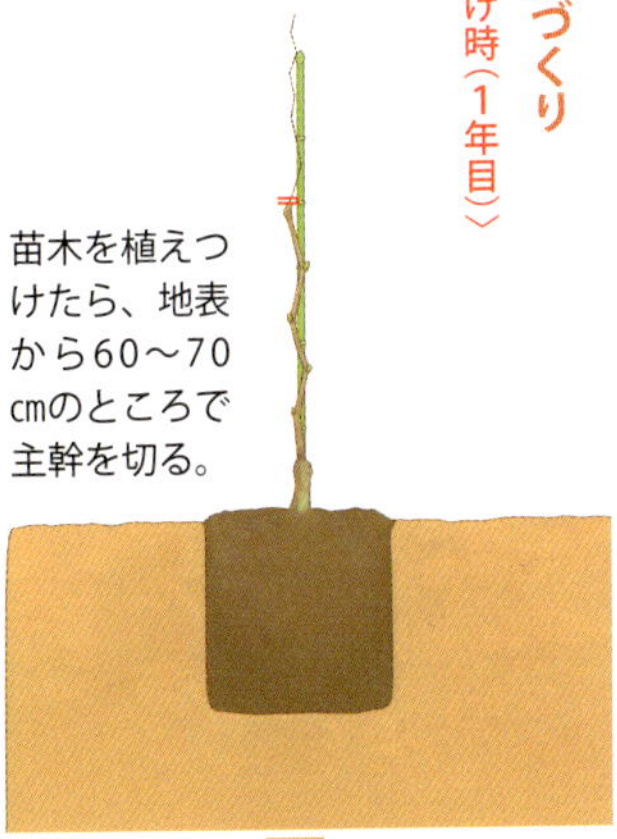
苗木を植えつけたら、地表から60～70cmのところで主幹を切る。

〈2年目の落葉期〉　〈3・4年目の落葉期〉

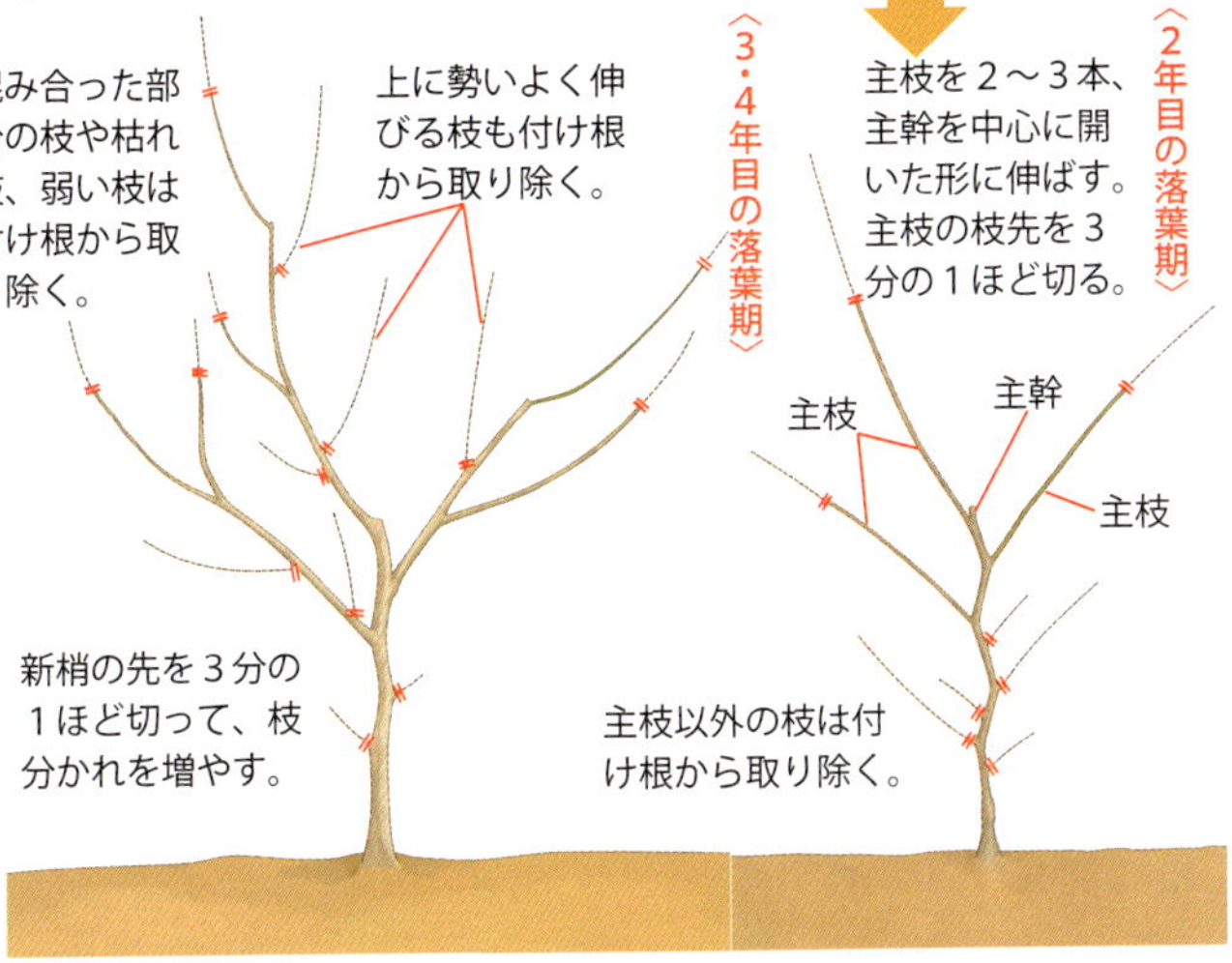
主枝を2～3本、主幹を中心に開いた形に伸ばす。主枝の枝先を3分の1ほど切る。
主枝
主幹
主枝
主枝以外の枝は付け根から取り除く。
混み合った部分の枝や枯れ枝、弱い枝は付け根から取り除く。
上に勢いよく伸びる枝も付け根から取り除く。
新梢の先を3分の1ほど切って、枝分かれを増やす。

苗木の植えつけ　根を深く伸ばすので、深さ60cmほどの丸い穴を掘り、掘り上げた土に腐葉土を混ぜ込みます。混ぜ込んだ土の半分に土2、油かす1、発酵牛糞1の割合で加えてよく混ぜ、掘った穴に戻します。苗木を穴に入れて残りの土を戻し、たっぷりと水をやります。植え傷みしやすいので、細根を切らないように。また、作業中に根を乾燥させないように気をつけましょう。

植えつけ時期は、暖地では11月下旬～12月が、寒冷地では2月下旬～3月が適期です。

庭植えの場合は、大きく生長するのでスペースを広めにとっておきましょう。

整枝・剪定のコツ　苗木を植えつけたら、地表から60～70cmのところで切ります。植えつけて数年は、新梢を切ることで枝分かれを増やし、樹形を整えていきます。新梢が春（一次伸長枝）と夏～秋（二次伸長枝）に伸びるので、二次伸長の手前まで切りましょう。3～4本の主枝がバランスよく広がるように樹形を整えます。幼木のうちは主幹を残しておきますが、樹形が整ったら主幹を徐々に切って低くしていきます。毎年剪定をしないとどんどん伸びるので、作業がしやすいよう、樹高を2～3mに抑えておくとよいでしょう。

苗木を植えつけて4～5年経つと、花芽が着きはじめます。花芽は7月頃、新梢の頂部に形成され、翌春にそこから伸びる枝の葉腋に花が咲きます。樹形が整ったあとの剪定は、花芽を残すため、徒長枝や枯れ枝、混み合った部分の枝を間引く程度にします。また、結果した枝は翌年は実を着けないので、先を3分の1ほど切ります。

整枝・剪定の時期は、落葉期の2～3月が適期です。

●樹形づくり

作業前

＜枝の剪定＞

台木から出た芽は切ること。残すと穂木の芽が負ける。

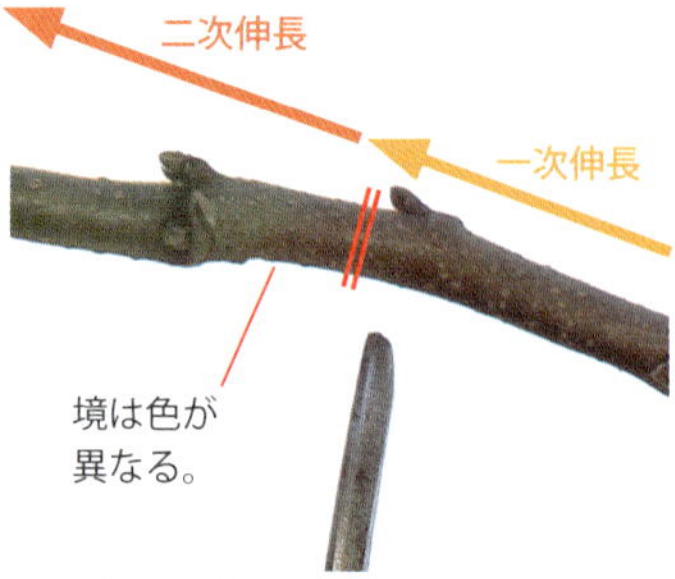
二次伸長
一次伸長
境は色が
異なる。

夏～秋に伸びた二次伸長枝を切る。丸く充実したよい芽が出て、翌の結果枝（実がなる枝）になる。一次伸長のいちばん先の芽の４～５㎜上で切ること。

写真の樹は、台木によい品種の枝をついで育てていたが、枯れたのでその台木に新たな枝をついだもの。太い成木を台木にすることもできる。

＜枝の誘引＞
上に伸びた枝は収穫しにくいので、水平よりやや斜め上になるよう誘引する（枝の強さや太さにもよる。強い枝は水平より斜め下に向くぐらいまで曲げる）。

垂直に伸びる枝の誘引をする場合、曲げる角度は、太い枝の場合は水平に。細い枝の場合はやや斜め上に。水平より低くすると、枝から新梢が多く出るので、角度に気をつける。強い枝には折れ防止のビニールテープを巻き、折れないよう手を添えて徐々にたわめていく。

作業後

春から６月までに伸びた分（一次伸長枝）を残し、夏～秋に伸びた分（二次伸長枝）を切り落とすと、よい芽が出て、来年の結果枝となる。収穫のしやすさと同時に、早く結果させるための作業である。

よい実をならせるコツ　カキには「隔年結果性」といって、1年ごとに豊作と不作を繰り返す性質がありますが、摘蕾《てきらい》と摘果の管理を行えば、毎年同じように収穫を楽しむことができます。

4月中旬～5月上旬、つぼみが大きくなったら、手で雌花のつぼみを摘み取り、数を半分以下に減らします。

雄花が着かない品種には、花が咲いたらすぐに人工授粉を行います。「禅寺丸」などの授粉樹から雄花を摘み取って、直接雌しべにこすりつけるか、綿棒などで花粉をつけて受粉させます。受精・結実させて果実に種が入ると、熟す前に落ちることが少なくなり、また、渋みがなくなるなど果実の質もよくなります。

結実後すぐに、せっかくの果実がぽろぽろと落ちていきます。これは「生理落果」といって、果実どうしの養分競合などによって起こる現象です。開花・結実から約1か月後、生理落果が終わったら、葉数20～22、23枚当たり1果となるよう果柄の部分からハサミで切って摘果します。翌年の花芽に養分を回すため、摘果は花芽分化が始まる前に行いましょう。

●人工授粉

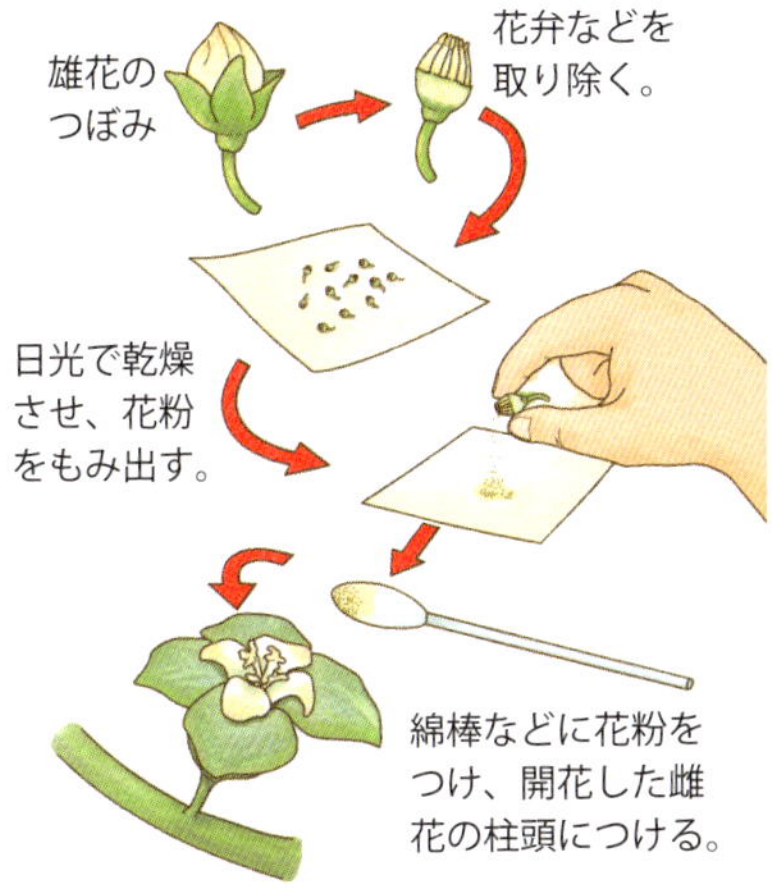
雄花のつぼみ
花弁などを取り除く。
日光で乾燥させ、花粉をもみ出す。
綿棒などに花粉をつけ、開花した雌花の柱頭につける。

雄花

雌花

水やりと施肥　保水性のよい肥沃な土壌を好みます。土づくりをし、植えつけてしばらくは、土の表面が乾いたら与えるようにします。根を深く伸ばすので、成木になれば、とくに水やりをする必要はありませんが、乾燥に弱い幼苗のうちや夏場の高温が続く場合は注意しましょう。

肥料は、12～1月に有機質肥料を、収穫後の10月に化成肥料を与えます。

収穫のコツ　果皮が橙色に色づいたら、果柄をハサミで切って収穫します。渋ガキは収穫後すぐにへたの部分を焼酎に漬け、ビニール袋に入れて密封し、室温で1～2週間寝かせると、渋が抜けます。

主な病害虫とその防除　病気では落葉《らくよう》病などが発生するので、病気にかかった葉を処分し、園芸店などで相談して適応する薬剤で駆除します。害虫ではイラガなどのケムシ類やカキノヘタムシなどが発生します。適応する薬剤で駆除します。ケムシ類は葉ごと切り取って処分する方法もありますが、イラガに刺されると激しく痛むので、直接触れないよう注意してください。

鉢植えでの育て方　直径24～30cmの鉢に赤玉土7、腐葉土3の配合土を入れて水をたっぷりと含ませ、根土のまま植えつけます。植え傷みしやすいので、細根を切らず、長い太根もなるべく切らずに巻き込んで植えつけます。また、作業中に根を乾燥させないように気をつけましょう。植えつけ後も水をたっぷりと。

植えつけたら鉢と同じ高さで主幹を切り、地植えと同じ要領で樹形を整えていきます。鉢の高さの3倍程度に生長したら、主幹を切って樹高を抑えましょう。また、冬の剪定時に、花芽が着く枝を半数ぐらいの先を3分の1ほど切っておくと、隔年結果を防ぐことができます。

水やりは、土の表面が乾く前にたっぷりと。肥料は、4月、6月、9月に油かすの固形肥料を与えます。

ナワシログミの実

ナワシログミの花

ナツグミ

ナツグミの花

グミ類【茱萸《しゅゆ》、胡《こ》頽子《たいし》】

海辺や山野にも自生する生命力のたくましい小果樹。昔から家庭果樹として人気

原産は日本、朝鮮半島、中国など、ユーラシアから東南アジアにかけて50～70種ほどが知られています。4～6月に花が咲き、5月下旬～10月中旬頃に実が熟します。葉姿が美しく、葉に斑が入った観賞用の品種も人気です。

- グミ科 グミ属
- 常緑または落葉低木
- 栽培難易度 ★☆☆
- 結果年齢 約2年

栽培データ

適地	落葉性の種類はほぼ全国で栽培可。常緑性の種類は関東以西
耐寒性	落葉性は強く、常緑性は弱い
耐暑性	普通
耐乾性	強い
耐湿性	普通

耐陰性	常緑性は強い
繁殖	さし木、実生、つぎ木
土質	あまり選ばない。やせた土地でも育つ。耐潮性に優れ、海岸付近でも育つ
授粉樹	とくに必要ない

栽培スケジュール（基準地域：関東南部）

作業項目	1月	2月	3月	4月	5月	6月	7月	8月	9月	10月	11月	12月
植えつけ	落葉性⇨	●	●	●	●	●	●	●	●	●⇦常緑性		
剪定	●	●										●
施肥												
花芽分化												
摘蕾・摘果												
花期・熟期				花	花	花実		実	実	実		
繁殖			●			●	●	●	●	●		

よくある疑問点とその対処

Q グミ類の種類と特徴を教えてください。

A グミはかなり種類が多いのですが、大別すると、常緑性と落葉性の種類があります。常緑性のナワシログミやツルグミは10～11月頃に開花して5～6月頃に果実が熟します。落葉性の種類はアキグミだけが4～5月頃に開花して9～11月頃に果実が熟し、ナツグミなどは4～6月頃に開花して5～7月頃には収穫できるようになります。園芸店によく出回るダイオウグミ（ビックリグミ）はナツグミの園芸品種で甘みの強い大きな果実がなり、トウグミ（タワラグミ）はナツグミの変種でトゲがなく、植え込みによく用いられます。

おすすめの品種

ダイオウグミ（ビックリグミ）は大きくて甘い果実がなります。ただし、花数の割に結実する数が少ないこともあります。多少渋みがあるのはナツグミです。アキグミは、渋みは強いものの数が多いので、ジャムなどに加工したい場合はおすすめです。

常緑性のナワシログミやツルグミは暖地向きです。ツルグミは半つる性。長い徒長枝（つる）を伸ばし、周囲の木へまとわりつくように生長します。ナワシログミもツルグミも実を食べることができます。そのほか、西洋グミがありますが、小さくて渋みが強く、加工向き。ビックリグミの授粉樹になります。

苗木の植えつけ　日当たりがよく水はけのよい場所を選び、約直径50cm×深さ50cmの丸い穴を掘ります。掘り上げた土に腐葉土を混ぜ、その半分に有機質肥料を加えてよく混ぜ込み、掘った穴に戻します。苗木を穴に入れて残りの土を戻し、たっぷりと水をやります。
　植えつけの適期は、常緑性が4～10月、落葉性が2～3月です。

整枝・剪定のコツ　苗木を植えつけたら、地表から50～60cmのところで切ります。2年目より、主幹から2～3本の主枝が出るように仕立てます。長く伸びた新梢の先を3分の1ほど切り、主幹の下部や株元から出る枝を付け根から取り除きます。目的の樹高に生長したら、樹芯を止めます。
　樹形が整ったら、混み合った部分や枯れ枝などを間引き、樹冠内部の日当たりと風通しをよくします。間引き剪定をしておけば、無駄に強い枝が発生しにくくなり、自然と花芽が着きやすくなります。

ナワシログミやツルグミは徒長枝がよく伸びる。大きくしたくない場合は、付け根から取り除く。

このように、短果枝によく着果する。

　また、短果枝に花芽がよく着くので、長い枝の先を3分の1ほど切り、短果枝の発生を促すとよいでしょう。
　整枝・剪定は、12～2月が適期です。

よい実をならせるコツ　グミ類は自家受粉しますが、別の品種と一緒に育てたほうが実着きがよくなります。

水やりと施肥　水やりは夏に高温乾燥が続くとき以外は、とくに必要ありません。グミ類は根に共生菌をもつので、やせ地でも育ち、施肥は不要です。

収穫のコツ　種類によって収穫時期は異なりますが、いずれも果皮が赤くなり、やわらかくなったら完熟です。未熟果は渋みが残っているので完熟果を収穫します。傷みが早いのでていねいに収穫し、すぐに利用しましょう。

主な病害虫とその防除　病害虫に強く、防除の必要はほとんどありません。ただし、芽出しの頃にアブラムシやカイガラムシが発生することがあります。早めに発見して、薬剤などで駆除しましょう。

ふやし方　実生やさし木で簡単にふやせます。実生は、果肉をよく洗い流し、乾燥しないうちにまくのが基本です。夏果種はまいてすぐに、秋果種は翌春3～4月頃に発芽します。
　さし木は、芽出し前の枝を20～30cmに切り、たっぷりと水を含ませた赤玉土かピートモスのさし床へ深めにさします。たっぷりと水を与えて、乾かさないよう半日陰で管理します。6～7月に新梢を用いてつぎ木をしてもよく発根します。

鉢植えでの育て方　鉢植え栽培も基本的には庭植えと変わりません。3月に植えつけて、庭植えと同様に剪定し、主幹形仕立てにするのが基本的なパターンです。
　水は、土の表面が乾いたらたっぷりと与えましょう。

おいしい食べ方

傷みが早く、出回らない果実なので、まずは生食を試してみましょう。渋みの残る種類でも、完熟果はおいしいものです。多く収穫できたら、ジャムや果実酒として楽しむのもよいでしょう。

クルミ【胡桃】

「植物性の卵」といわれるほど栄養価が高く、良質の不飽和脂肪酸を含む

- クルミ科 クルミ属
- 落葉高木
- 栽培難易度 ★☆☆
- 結果年齢 約5年

世界中で栽培されているクルミはペルシアグルミとその仲間が中心。輸入食材のイメージがありますが、日本にも原生種があり、縄文時代から利用されたそうです。成木に育つまで時間がかかりますが、それだけに収穫の喜びは格別。

オニグルミ
雄花
雌花

ヒメグルミ
雌花

栽培データ

適地	日当たりがよく、保水性、排水性がよい場所。風通しがよく、晩霜の害がない場所が適する
耐寒性	非常に強いが、晩霜害に弱い
耐暑性	比較的強いが、夏の強い日光で日焼けが発生することがある
耐乾性	強い
耐湿性	開花期に雨が少ないほうが、結実がよい
耐陰性	日照は多いほど望ましい
繁殖	つぎ木、実生
土質	あまり選ばない
授粉樹	あるとよい

栽培スケジュール（基準地域：関東南部）

作業項目	1月	2月	3月	4月	5月	6月	7月	8月	9月	10月	11月	12月
植えつけ	●	●	●									●
剪定	●	●										
施肥	●	●										●
花芽分化						●						
摘蕾・摘果												
花期・熟期					花	花			実	実		
繁殖				つぎ木					実生	実生		

おすすめの品種

日本の自生種にオニグルミ、ヒメグルミがあり、古くから利用されています。現在、欧米各国で栽培される種の多くは殻が薄いペルシアグルミ（イギリスグルミ）とその仲間で、変種のテウチグルミは日本、中国、朝鮮半島でも栽培されます。アメリカでは原種のアメリカクログルミが食用や建材などに利用され、品種も多くつくられています。

クルミは雌雄同株で自家結実しますが、雄花と雌花の開花期が大きくずれる種が多いのが特徴。人工授粉をするか、開花期が重なる授粉樹と一緒に植えます。また、晩霜の被害を受けやすい地方では、霜に強い品種を選ぶとよいでしょう。

日本に自生するクルミ

オニグルミ

外果皮を取った殻は厚くて硬く、ゴツゴツしている。

ヒメグルミ

殻（核）がハート形で表面がなめらか。オタフクグルミの別名もある。

苗木の植えつけ 風によって受粉される風媒花で、夏の強い日光にやや弱く、風通しのよい場所を選ぶこと、霜の害が無い場所を選ぶのがポイントです。

根が深く張る性質があるので植え穴を深めに掘り、堆肥や腐葉土をすき込んでから植えつけます。

整枝・剪定のコツ 放任すると10m近くの大木になります。家庭では日当たりと風通しがよくなるよう、低い主幹から2～3本の主枝を伸ばす樹形にして、3～4m程度に仕立てるとよいでしょう。つぎ木苗を植えつけてから収穫まで4～5年くらいかかるので、その間は毎年、新梢の先を3分の1～半分くらい切りながら育てます。目的の高さまで伸ばしたら樹芯を止め、不要な枝を間引きます。

充実した新梢の頂部に雌花の芽ができて、雌花はそこから春に伸びた枝の先に咲きます。雄花は葉腋から穂状に咲いて花粉を飛ばします。

葉や枝を切ったときに出る樹液は刺激があり、かぶれることがあるので注意しましょう。剪定時期が遅れると切り口から樹液が多く出て、樹勢が弱まることがあるため適期を逃さないことです。

●クルミの果実が熟す様子

6月下旬
8月下旬
10月中旬
自然落下を待つより、果実に裂け目ができる頃に収穫するとよい。

よい実をならせるコツ 雌雄異花で、多くの品種は同じ時期に開花せず、時期がずれます。雄花先熟型と雌花成熟型があり、開花はその年の気温によっても多少前後します。開花期が重なる品種を授粉樹として植えるか、人工授粉をしましょう。クルミの受粉は風媒によるため、開花した雄花を網目の大きなネットに入れて吊るしておけば受粉を助けます。

水やりと施肥 やや乾燥した環境を好むので、地植えではほとんど水やりは不要です。とくに開花期に雨が多く湿潤な環境が続くと結実が悪くなる傾向があります。開花から2か月後くらいの幼果が大きくなる頃は水を必要とするので、乾燥した晴天が続いたときには水やりを。

肥料は控えめでよく、冬に有機質を中心とした寒肥を与えます。

収穫のコツ 果実は自然に落下しますが日数がかかるうえに汚れて品質が悪くなるため、外果皮がはじけた頃に振り落とすか叩いて落とします。外果皮がはじけていない場合は、腐葉土をかけて日陰に数日置くか、ギンナンの実の要領で水に沈めて腐らせてから取り除き、よく乾燥させて保存します。

主な病害虫とその防除 枝に斑点が出て枯れる枝枯病《えだがれびょう》が出たら、切り取って処分します。また、カイガラムシやクルミハムシ、毛虫類を見つけたら補殺か薬剤で駆除します。幹の中を食害するコウモリガは穴から薬剤を注入して駆除します。

鉢植えでの育て方 根が深く伸びるので、できるだけ深い大きな鉢で育てます。鉢の深さの3倍くらいの高さで主幹の芯を止め、間引き剪定しながら樹形を整えます。直径30cmの鉢で5果くらいが収穫の目安です。

花

熟果

ナツメ【棗】

初夏に入って芽が出るから「ナツメ」。高木になる果樹で、寒さに強い

中国北部原産。和漢薬の原料や、中国料理・菓子の材料として幅広く使われます。6月に花が咲き、9~10月に熟期を迎えますが、生食すると、水気の少ないリンゴやナシのような食感とさっぱりとした甘さがあります。

- クロウメモドキ科ナツメ属
- 落葉高木
- 栽培難易度 ★☆☆
- 結果年齢 約3年

栽培データ

適　地	日当たりがよく、排水性のよい肥沃な場所
耐寒性	強い
耐暑性	強い
耐乾性	強い

耐湿性	過湿に弱い。開花期に雨が多いと結実しにくい
耐陰性	日陰では育ちにくい
繁　殖	さし木、実生
土　質	とくに選ばない
授粉樹	必要ない

栽培スケジュール（基準地域：関東南部）

作業項目	1月	2月	3月	4月	5月	6月	7月	8月	9月	10月	11月	12月
植えつけ			●								●	●
剪　定												
施　肥											●	●
花芽分化							●	●				
摘蕾・摘果												
花期・熟期						花			実	実		
繁　殖			さし木						実生	実生		

よくある疑問点とその対処

Q ナツメを庭に植えていますが、実着きがよくありません。

A ナツメは樹勢が強すぎると実が着きにくくなります。そのため、勢いよく伸びる立ち枝を寝かせるように誘引すると実がよく着くようになってきます。もう一つ注意したいポイントは湿気です。高温にも低温にもよく耐えますが、過湿に弱いので乾燥気味に管理するのがベスト。とくに、開花期に雨が多いと実着きが悪くなります。ちょうど梅雨に当たるので、雨が多い地域では鉢植えで育てるのも一案です。

おすすめの品種　果実の小さい日本ナツメや巨大な果実がなる中国《ちゅうごく》大《おお》実《み》ナツメ系など、さまざまな品種があります。

漢方などの薬効や生食といった点では、中国大実ナツメの人気が高く、管理を考えるとやはり気候に適した日本ナツメも見逃せません。

苗木の植えつけ　過湿を嫌うので、日当たりと風通しがよく、水はけのよい肥沃な場所を選びます。直立性が強いので、あまりスペースを取りません。約直径50cm×深さ50cmの丸い穴を掘り、掘り上げた土に同量の腐葉土と全体の2~3割程度の川砂を加えてよく混ぜ合わせ、植えつけたらたっぷりと水をやります。

植えつけ時期は、３月か11～12月頃が適期です。

整枝・剪定のコツ　ナツメは冬になると小枝ごと葉が落ちるので、とくに剪定の必要はありません。ただし、枝が混み合ってくることがあるので、その場合は１～２月頃に間引いて、樹冠内部への日当たりと風通しをよくします。

よい実をならせるコツ　勢いのよい立ち枝を誘引して寝かせることで、結実しやすくなります。花芽は７～８月、新梢の頂部に分化して、翌年伸びる短枝の葉腋に咲きます。花期は６月ころです。人工授粉を行う必要はありません。

水やりと施肥　耐乾性が強く、過湿を嫌うので、水やりの必要はありません。

肥料は、11～12月頃に有機質肥料を施します。

成木になっても枝はあまり広がらない。

収穫のコツ　熟期は９～10月ですが、全部の果実が着色するのを待っていると落果してしまうので、完全に赤くなる直前を見計らって収穫しましょう。長枝にトゲがあるので、収穫の際には注意してください。

主な病害虫とその防除　病害虫は多くないほうですが、カイガラムシやハマキムシが発生することがあります。適応する薬剤などで早めに駆除しましょう。ナツメコガの幼虫は果実を食害します。穴のあいた果実があれば、摘み取って処分します。

ふやし方　さし木で比較的簡単にふやすことができます。日本には奈良時代以前に渡来したといわれるだけあって、ほぼ日本全国でさし木を行うことができます。また、実生でふやすこともでき、苗は約３～４年で果実をつけます。

日当たりと風通しのよい場所を選んで管理しましょう。

開花中、雨の日は軒下に移動すると、実着きがよくなる。

鉢植えでの育て方　水はけのよい鉢を選び、赤玉土５、川砂３、腐葉土２の配合土で植えつけます。

鉢植えの場合、小枝がよく出るので、風通しをよくするために剪定を行います。梅雨時の６月に開花期を迎えますが、湿気が苦手なので雨のときは軒下などに取り込んでおきます。梅雨の晴れ間にはたっぷりと太陽の光を浴びさせてください。冬の間は水やりを控えたほうがよいでしょう。

肥料は、３月と10月に油かすの固形肥料を施します。

生薬の原料としても有名

果実を乾燥させて加工すると「大棗《たいそう》」という生薬になります。この大棗には強壮、鎮静、利尿作用があるといわれています。種子は酸棗《さんそう》仁《にん》と呼ばれ、鎮静、睡眠作用があるとされています。

桝井ドーフィン

イチジク【無花果】

1本でたくさんの実がなる。生育が早く旺盛で、家庭でも育てやすい

西アジア南部原産で、アダムとイブの昔から広く知られる果樹。花が咲かないのに実がなると「無花果」の名がありますが、果実として味わう部分は花柄《かへい》の先端にある花托《かたく》が肥大したもの。花と小さな果実はその内側に多数密生します。

- クワ科 イチジク属
- 落葉高木
- 栽培難易度 ★☆☆
- 結果年齢 約3年

栽培データ

適地	日当たり、保水性、排水性のよい場所。以前にイチジクを育てた場所では連作障害が出やすい
耐寒性	新潟、福島、宮城以北では難しい
耐暑性	30℃を超すと生長が衰え、38℃では果実に障害が出やすい
耐乾性	弱い
耐湿性	常にジメジメした環境を嫌う
耐陰性	比較的強い
繁殖	さし木、とり木
土質	中性～弱アルカリ性
授粉樹	不要

栽培スケジュール（基準地域：関東南部）

作業項目	1月	2月	3月	4月	5月	6月	7月	8月	9月	10月	11月	12月
植えつけ	●	●	●							●	●	●
剪定	●	●									●	●
施肥	●					●	●	●	●			●
摘蕾・摘果												
花期・熟期	（秋果種）							実	実	実		
花期・熟期	（兼用種）					実	実		実	実		
繁殖		●	●									

よくある疑問点とその対処

Q 野生動物の被害を避けるには?

A 野鳥やサルなどの野生動物は、果実が熟すタイミングをよく心得ているものです。イチジクは長く収穫期が続くので、野生動物に目をつけられる期間も長くなり、あと数日…と心づもりをしていた果実を目前で食べられてしまうことも珍しくありません。ネットで覆うのも一案ですが、熟すのが遅くなりそうな実には油処理をして熟期を促進し、いっきに収穫してしまうのもよいでしょう。自然成熟日より2週間ほど前に、果実の先の割れている部分にサラダオイルなどを筆などを用いて少量塗ると、1週間弱で熟します。

おすすめの品種　果樹として栽培された歴史が古く、さまざまな国で多くの品種がつくられています。果実が成熟する時期は品種によって異なり、日本では6月下旬～7月下旬に成熟する夏果専用種、8月下旬～10月に成熟する秋果専用種、夏にも秋にも収穫できる夏秋兼用種などと分けて扱われます。狭いスペースで育てる場合は、冬に強剪定できる秋果種がおすすめですが、夏果を犠牲にして兼用種を同様に仕立てることも可能です。

品種は大きく4つに分類されます。

カプリ系　食用には適さず、スミルナ系（後述）の受粉用に用いられる。

スミルナ系　結実するには受粉・受精が

●さまざまな品種（普通系の一例）

クインタ

グリスドゥセンドジーン

グリスビファレ

ノワールドカロン

バナーネ

ビオレソリエス

ブラックイスキア

ベローネ

蓬莱柿

必要。乾果にすると香味があり、ドライフルーツとして多く利用される。

普通系　品種がきわめて多く、日本で栽培されている夏秋品種、秋果専用品種のほとんどはこのタイプ。「クインタ」「ノワールドカロン」「ベローネ」「蓬莱柿《ほうらいし》」「桝《ます》井《い》ドーフィン」などがある。

サンペドロ系　結果習性は普通種とスミルナ種の中間にあたり、日本で栽培される夏果専用種の「サンペドロホワイト」「ビオレードーフィン」などがある。

「桝井ドーフィン」は夏秋兼用種で、もっとも多く栽培されています。大きな実をたくさんつけ、収穫期間も長く、栽培しやすいため家庭用にも適します。日本最古の品種として知られる「蓬莱柿」は秋果専用種ですが、夏果が成熟することもあります。樹勢が強く、耐寒性が強いのが特徴で、甘みのあるねっとりとした完熟果を味わえるのは家庭果樹ならでは。フランスより導入された「バナーネ」は、巨大な果実と甘みの強さが特徴で、濃厚な味わい。秋夏兼用種で、夏果はとくに巨大に育ちます。ほかにも、果皮が黒い「ブラックイスキア」や紫色の「ビオレソリエス」、皮ごと食べられる「グリスビファレ」など海外からの品種導入も多くなっているので、好みの品種を見つけて栽培するのも楽しいでしょう。

苗木の植えつけ

落葉した10月頃からが植えつけの適期です。関東以北の寒冷地では3月頃まで待って植えると安心です。イチジクは根が浅く葉が大きいため、強風で倒れたり葉がこすれて果実が傷ついたりする被害があります。できるだけ強い風を避けられる場所を選びましょう。

剪定のしかた

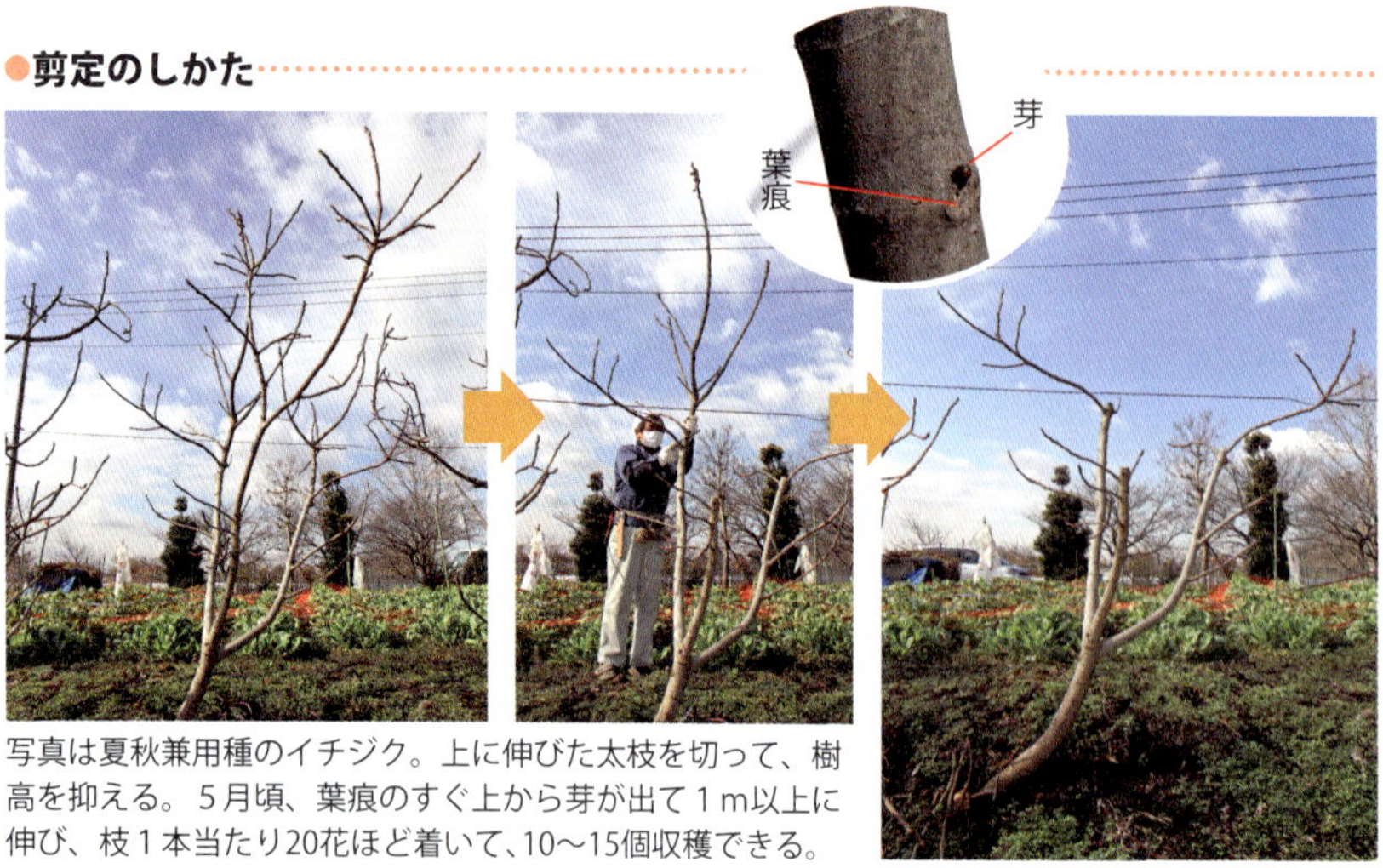

写真は夏秋兼用種のイチジク。上に伸びた太枝を切って、樹高を抑える。5月頃、葉痕のすぐ上から芽が出て1m以上に伸び、枝1本当たり20花ほど着いて、10～15個収穫できる。

本来は日当たりを好みますが、比較的耐陰性も強いので、強風の当たらない裏庭の日だまりなどでもよいでしょう。

中性～弱アルカリ性土壌を好みます。酸性度が強い場合は苦土石灰をまいてよくすき込み、中和しておきましょう。約直径50cm×深さ50cmの丸い穴を掘り、腐葉土や有機質肥料を混ぜ込んで植えつけます。植えつけ後はたっぷりと水を与え、地表から50cmのところで主幹を切り、支柱を立てて誘引します。

整枝・剪定のコツ

放任してもよく育ちますが、幹や枝の先端に着いている頂芽が勢いよく伸びると脇芽の生長が悪くなり、樹高が高くなるばかりで収穫も大変です。また、強風の影響も受けやすくなります。そこで、樹高を低く抑える一文《いちもん》字《じ》仕立てや杯状《はいじょう》仕立て（左ページ参照）にするとよいでしょう。

果実のなる時期によって実の着き方がやや異なり、剪定方法も異なります。秋果専用種の場合は伸びた新梢にほぼ結実するので、難しいテクニックは不要です。混み合った部分や不要な枝を間引き、すべての新梢を2～3芽残して切ります。

夏秋兼用種は、半分以上の枝を収穫用の枝として残し、その他の枝を2～3芽つけて切るか間引くかします。

剪定は11～2月の休眠中に行います。樹が活動しているときに行うと切り口から白い液が出てかぶれることがあり、発芽の発生が遅れることもあります。適期を逃さずに行いましょう。寒さにやや弱いので、寒冷地では厳寒期を過ぎてから行うと安心です。

よい実をならせるコツ

耐陰性は強いほうですが、日当たりが悪いと徒長しがちで、収量が減ったり着色が悪くなったりするので、樹冠内部にも日が当たるよう、混み合う部分の枝を間引きます。

日当たりのよい広いスペースで育てればたくさん実がなりますが、すべてを実らせると翌年の収量が減るので、1枝に8～10果を目安に摘果するとよいでしょう。なお、夏果は大きくなりますが、秋果より収量が少ないのが一般的です。前年の秋果が多いと夏果が少なく、夏果が多いと秋果が少なくなる傾向があります。

水やりと施肥

根が比較的浅く葉が大きいため、土の乾きに弱い性質がありますが、雨が多いと品質が悪くなります。地植えの場合、とくに乾燥した日が続く以外は不要です。

生長が旺盛で、伸長した新梢の多くに着果して次々と熟します。養分が不足し

●樹形作り

一文字仕立て

① 植えつけたら主幹を地表から50㎝のところで切る。勢いがあり左右にバランスよく伸びる枝を2本残し、ほかはすべて付け根から取り除く。

② 主枝は45～60度程度に倒して支柱に誘引して育てる。若木にも着果するがかき落とす。

1年目の冬

③ 冬の剪定時期に、主幹の高さで主枝を左右に倒して、水平に誘引する。

1年目の冬

④ フェンスなどを利用してもよいがここでは十字に組んだパイプに誘引。

3年目以降の冬

⑤ 主枝から40～50㎝間隔に結果枝を出させ、それ以外の芽をかきながら育てる。

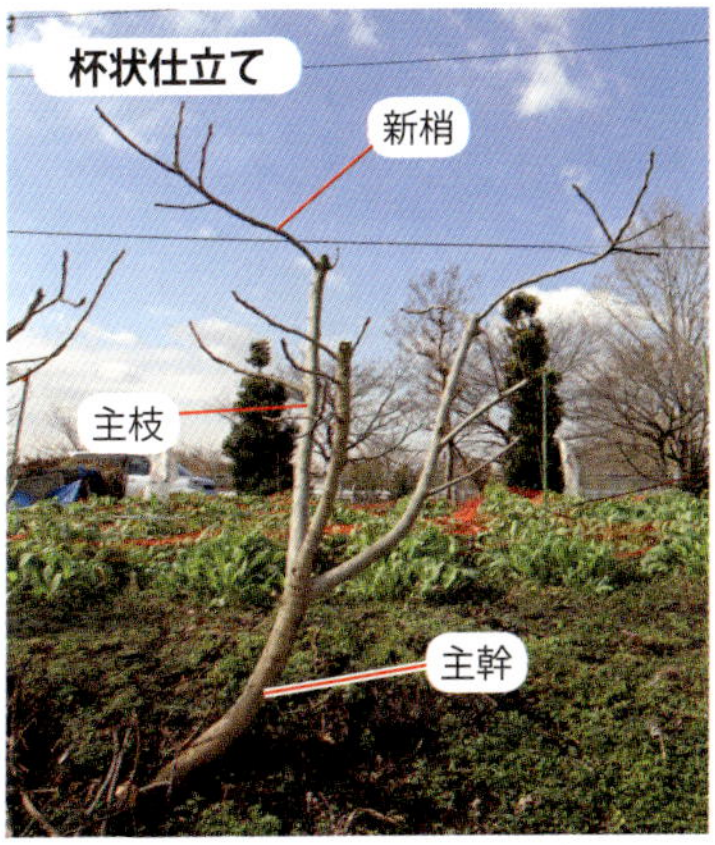
杯状仕立て
新梢
主枝
主幹

植えつけたら主幹を40～60㎝ほどに切る。方向のよい新梢を3本ほど残して主枝とする。2年目は主枝の先を1/4～1/3ほど切って樹高を抑える。3年目は主枝から出た2～3本の枝を20㎝程度で切り、各枝から新梢を2本程度伸ばし、20㎝程度で切って目標とする樹形に整える。上の写真が完成した杯状仕立て。

3年目以降の生長期

⑥ 生長期の様子。樹高を低く抑えているので、収穫もしやすい。

写真⑤のように主枝から新梢が伸びる。
左右の主枝の先端は伸ばすために残す。

⑦ 主幹と2本の主枝以外の枝は、毎年更新する。

ないよう、有機質肥料や緩効性肥料をやや多めに施すとよいでしょう。6～9月にも追肥します。

収穫のコツ 夏果は6月下旬から、秋果は8月下旬から熟します。実の先が割れてきたら収穫の合図ですが、先端の割れが小さな品種もあるので注意しましょう。自然に落果する直前がいちばん風味が増して味が濃くなります。ただし最適期は2日ほどで、鳥や昆虫の被害も受けやすくなるので、少し早めに収穫して追熟させるのもよいでしょう。

主な病害虫とその防除 疫《えき》病、炭疽《たんそ》病、さび病、黒かび病などが発生することがあります。カミキリムシ類の被害が多いので7～8月には要注意。4㎜の防虫ネットで覆えば防ぐことも可能です。ほかにも鳥やアリなどの被害を受けやすいので注意しましょう。

鉢植えでの育て方 なるべく大きな鉢に赤玉土6、腐葉土2、川砂2の配合土で植えつけ、日当たりのよい場所で育てます。根が酸素を多く要求するので、鉢底石を入れて通気性を高めましょう。また、早めに支柱を立てて風で倒れないようにします。

白実種

マルベリー【桑《くわ》】

耐寒性が強く丈夫で、生育が早い。採れたてのフレッシュな風味は格別

- クワ科 クワ属
- 落葉高木
- 栽培難易度 ★★★
- 結果年齢 約3年

クワはマルベリーと呼ばれてジャムなどに利用され、食後の血糖値の上昇を抑える働きがあるデオキシノジリマイシンを多く含むことで注目されます。水分が多く傷みやすいため、採れたての果実を味わえるのは家庭果樹ならでは。生育が早く、育てやすいのも魅力です。

栽培データ

適　地	日当たりがよく、保水性、排水性がよい、肥沃な場所を好む。収量は減るが半日陰や、ややややせた土地でも育つ
耐寒性	非常に強い
耐暑性	強い
耐乾性	根が比較的浅いので乾燥に注意

耐湿性	適湿な土壌を好む
耐陰性	収量は減るが半日陰地でも栽培可能
繁　殖	さし木
土　質	とくに選ばない
授粉樹	雌雄異株のものはペアで植える

栽培スケジュール（基準地域：関東南部）

作業項目	1月	2月	3月	4月	5月	6月	7月	8月	9月	10月	11月	12月
植えつけ	●	●	●							●	●	●
剪　定	●	●										●
施　肥			●									●
花芽分化							●	●				
摘蕾・摘果												
花期・熟期				花	実	実						
繁　殖	さし木	さし木			さし木	さし木	さし木					

おすすめの品種　養蚕に用いられる真桑《まぐわ》（唐桑《とうぐわ》）や、日本の山地にもよく見られる山桑《やまぐわ》は、雌雄異株でまれに雌雄同株。果実の収量が少ないので、家庭では1本でも結実しやすく果実の大きい園芸品種「ララベリー」「ポップベリー」などがおすすめです。白実の「セルベベヤズ」、枝垂れ性の強い「リサ・スィートウィーピング」などもあります。

苗木の植えつけ　日当たりのよい場所に約直径50㎝×深さ50㎝の丸い穴を掘り、掘り上げた土に腐葉土を混ぜ、その半分に有機質肥料を加えてよく混ぜ込み、穴に戻します。苗木を穴に入れて残りの土を戻し、たっぷりと水をやります。寒冷地では凍霜害を避けるため、秋の早いうちか春に植えつけましょう。

「ララベリー」の未熟果。園芸種の多くは自家結実性がよく、大きな果実がたくさん収穫できる。

枝垂れタイプは狭い場所でも栽培しやすい。

整枝・剪定のコツ　日本では養蚕のために枝葉を収穫することから樹高が低いイメージがありますが、大変に生長が早く、放任すると10m以上になる高木です。大きく育ちすぎると管理が大変なので、毎年剪定をして樹形を整えましょう。

品種によってやや違いますが、前年に伸びた勢いのよい枝の先端から基部まで着果します。植えつけた年は地表から20cmほど残して主幹を切り、そこから出る2～3本の枝を伸ばして主枝とします。翌年からは果実の収穫後に主枝を70cm～1mくらいに切り、残った新梢は葉を2～3枚着けて切ります。また、混み合った部分の枝を間引き、日当たりと風通しをよくするように剪定します。

剪定しないと大木になる。

強剪定でコンパクトに育てることもできる。

よい実をならせるコツ　大きな実をたくさん収穫したいときは品種を選んで植えつけ、水切れと肥料切れに注意して育てます。品種によって着果のしかたがやや異なるので、枝のどの位置に果実が多く着くかを観察し、剪定する枝と切る位置を決めるとよいでしょう。

水やりと施肥　根が比較的浅く、生長が大変早いので、乾燥する時期は水切れを起こさないよう注意しましょう。土の表面が乾いたらたっぷりと与えるのが基本です。

肥料を与えなくても育ちますが、養分が不足すると収量が減ります。春先3月頃と落葉期の12月頃に与えます。

● 樹形づくり

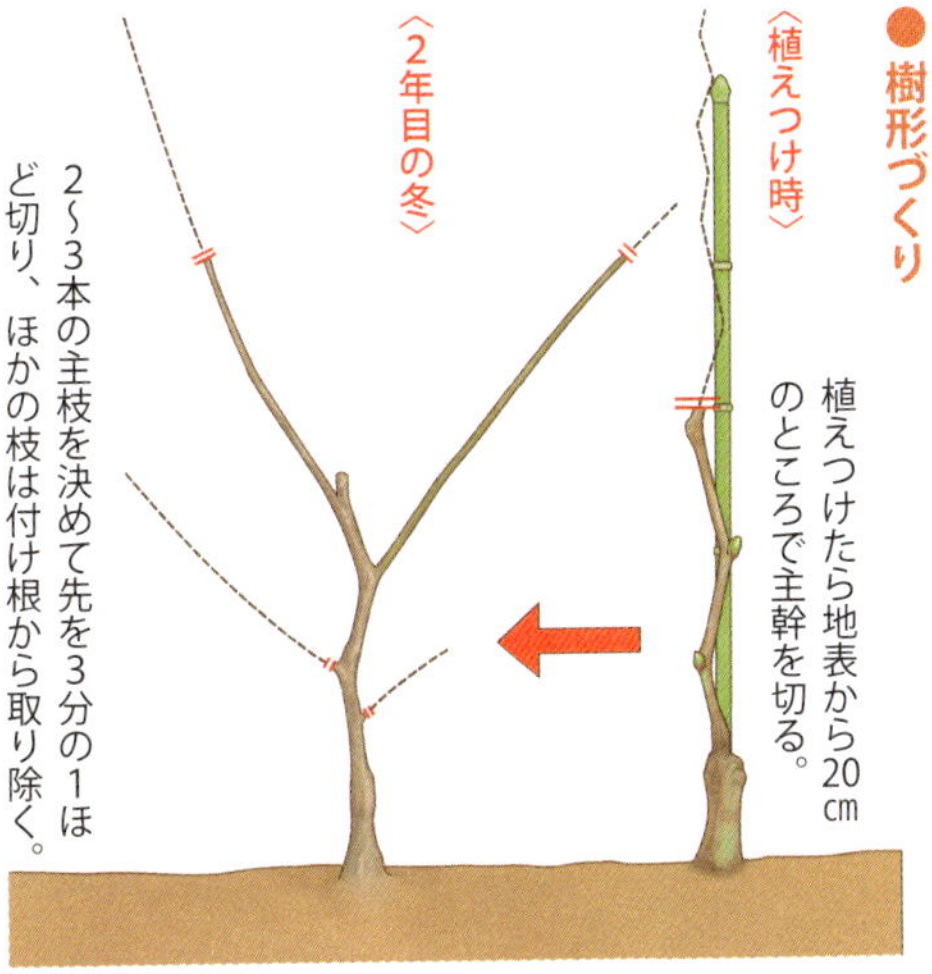
〈植えつけ時〉
植えつけたら地表から20cmのところで主幹を切る。
〈2年目の冬〉
2～3本の主枝を決めて先を3分の1ほど切り、ほかの枝は付け根から取り除く。

収穫のコツ　色が薄いうちは甘みが少ないため、黒く色づいたものから順次収穫します。果実は毛虫などが好むので、流水で洗ってから生食に。水気を切ってから冷凍保存しておくと、ジュースやジャムなどを作るのに重宝します。

未熟果は酸っぱいが、完熟果は甘くておいしい。

主な病害虫とその防除　紋羽《もんぱ》病、ウドンコ病などの病気やカミキリムシ、ハマキムシ、アメリカシロヒトリなどの毛虫類、カイガラムシなどの害虫の被害に遭うことがあります。果実が色づく頃には鳥害にも遭いやすいので注意しましょう。

鉢植えでの育て方　「ポップベリー」など、植えつけの翌年から収穫可能で果実が大きく、たくさんなる品種を選ぶとよいでしょう。樹勢が強いので、太い枝を切って主幹1本を伸ばしたコンパクトな樹形に仕立ててもOK。生育が旺盛で鉢土が乾きやすいため、水切れを起こさないように注意しましょう。

ザクロ【石榴】

病害虫に強く、日当たりのよい場所を好む。栽培地域はほぼ全世界と幅広い

原産地は西アジア(南ヨーロッパとする説もある)。栽培の歴史は古く、用途も生食、薬用、観賞用と非常に幅広くなっています。花は6月頃に咲き、熟期は9〜10月。日本では北海道南部から沖縄までが栽培範囲です。

- ザクロ科 ザクロ属
- 落葉高木
- 栽培難易度 ★☆☆
- 結果年齢 約５年

実ザクロの花

花ザクロの花

栽培データ

適　地	日当たりがよく、排水性のよい肥沃な場所
耐寒性	比較的強い
耐暑性	強い
耐乾性	強い
耐湿性	あまり強くない
耐陰性	やや弱い
繁　殖	さし木
土　質	とくに選ばないが、酸性土をやや嫌う
授粉樹	とくに必要ない

栽培スケジュール(基準地域：関東南部)

作業項目	1月	2月	3月	4月	5月	6月	7月	8月	9月	10月	11月	12月
植えつけ				●	●							
剪　定	●	●	●									●
施　肥			●				●				●	
花芽分化								●				
摘蕾・摘果												
花期・熟期						花			実	実		
繁　殖			さし木			さし木	さし木					

よくある疑問点とその対処

Ⓠ ザクロは花が咲きにくいと聞きます、どうすれば花が咲きますか。

Ⓐ ザクロの花芽は8月頃に充実した当年生の短枝にでき、翌春そこから伸びた新梢の先に6月頃に咲きます。よくある失敗は、剪定のときに花芽を切り落としてしまうこと。それ以外では、日照時間が足りないと花が咲きにくくなります。また、肥料を与えすぎるのも好ましくありません。ザクロは多肥状態になると徒長枝が発生し、樹勢が強すぎて花芽が着かなくなります。無駄な徒長枝を残さないことも重要です。

おすすめの品種　ザクロは古代エジプトの頃から書物に登場するぐらい古くからある果樹で、品種も豊富。

果実を利用するのは実ザクロで、日本で一般的な品種は朱色の花が咲き、熟すと赤い果皮が裂けて深紅の果粒(仮種皮)をのぞかせます。最近では白い花が咲く「水晶ザクロ」や、果粒が黒紫色の品種、その他、各地域の品種が紹介されています。甘みの強い品種と酸味の強い品種に分かれるので、入手の際は確認しましょう。八重咲きの花ザクロは、実がならない鑑賞用の品種です。

苗木の植えつけ　植えつけ場所には、日当たりと水はけのよい肥沃な場所を選びましょう。掘り上げた土に腐葉土を混ぜ、その半分に有機質肥料を加えてよく混ぜ込み、穴に戻して植えつけます。やや酸性土を嫌うので、植えつけの2週間ほど前に、苦土石灰《くどせっかい》を少量混ぜ込んでおくとよいでしょう。植えつけの適期は4～5月頃です。

整枝・剪定のコツ　主幹から2～3本の主枝が出る樹形に整え、主幹が2～3mになったら樹芯を止めます。

翌年用の花芽は短い新梢に着き、長い枝にはあまり着きません。短い枝は切らず、長い枝は5～6芽を残して切ります。樹勢が強く、徒長枝がよく発生するので、徒長枝や混み合った部分の枝を付け根から取り除きます。トゲがあるのでケガをしないように注意してください。

整枝・剪定は、12～3月頃が適期です。

よい実をならせるコツ　自家受粉するので授粉樹や人工授粉の必要はありません。

避けた部分から雨水が入ると果粒が腐敗するので、果皮が色づいてきたら袋がけをするとよいでしょう。

水やりと施肥　水やりはいったん根づけばその後は不要です。施肥は3月と7月、11月にリン酸やカリ分を多く含んだ肥料を施します。肥料を適切に与えると実着きがよくなりますが、窒素分が多い肥料では葉ばかりが茂るので注意が必要です。

樹高4m程度のザクロ。高いところの果実を採るには高枝切りバサミが便利。

収穫のコツ　9～10月頃、果実がテニスボールほどの大きさになるまで待ち、果皮が裂けてきたら収穫します。高い位置に着いた果実は高枝切りバサミを使用すると収穫しやすいでしょう。

主な病害虫とその防除　ザクロは病害虫には強い果樹ですが、カイガラムシがつくと排泄物に黒いカビが生えるすす病が発生することがあるので、カイガラムシを見つけたら、つぶすかブラシでこすり落として駆除しましょう。

鉢植えでの育て方　赤玉土6、腐葉土3、川砂1の配合土で植えつけ、日当たりのよい場所で育てます。生育期は1か月に1回、油かすの固形肥料を1個鉢縁に施します。水やりは、土の表面が乾いたらたっぷりと。2年に1回を目安に植え替えます。適期は3月下旬頃です。1か所に2個着果した場合は、小さいほうを摘果します。

おいしい食べ方

果皮を割り、水を張ったボールの中で果粒をはずすとうまくとれます。とった果粒は種に渋みや苦みがないので種ごと食べられます。ジューサーで搾ってジュースやジャムなどに加工するのもよいでしょう。

フサスグリ（白実種）

フサスグリ（赤実種）

カシス

グーズベリー

スグリ類【酸塊】

つややかな透明感のある果実がたわわに実り、狭い庭にもおすすめ

透明感のあるルビーのようなフサスグリ（カーラント）、黒真珠のようなクロフサスグリ（カシス）など個性いろいろ。樹勢が強く剪定も簡単で、家庭でも育てやすい小果樹。冷涼な気候を好むので、風通しのよい環境づくりがポイント。

- スグリ科 スグリ属
- 落葉低木
- 栽培難易度 ★☆☆
- 結果年齢 約2年

栽培データ

適　地	日当たりと風通し、保水性、排水性がよい肥沃な場所
耐寒性	非常に強く-35℃くらいまで耐える
耐暑性	暑さにやや弱い。関東以西では真夏の西日を避ける場所、夏は半日陰になる場所が適する
耐乾性	強い。ややややせた土地でも育つ
耐湿性	つねにジメジメした環境を嫌う
耐陰性	半日陰でも育つ
繁　殖	さし木、とり木
土　質	pH5.0～6.5
授粉樹	不要

栽培スケジュール（基準地域：関東南部）

作業項目	1月	2月	3月	4月	5月	6月	7月	8月	9月	10月	11月	12月
植えつけ	●	●	●								●	●
剪　定	●	●										●
施　肥	●	●	●									
花芽分化							●	●				
摘蕾・摘果												
花期・熟期				花	花		実	実				
繁　殖			●	●								

おすすめの品種　スグリ類で果樹として利用されるものは、スグリとフサスグリに分けられます。スグリの英名グーズベリーは「ガチョウ料理に用いられる果実」の意で、料理のソースとして利用されたことによるといわれます。原種は日本にも自生していますが、果樹としてはセイヨウスグリとアメリカスグリに大別されます。セイヨウスグリはスグリの中でもっとも大きく、赤、黄、緑に熟し、香りがあって甘く美味。アメリカスグリは比較的暑さに強く、紫や黒に熟します。

フサスグリには赤実種と黒実種があります。赤実種には、アカフサスグリとその変種で白実のシロフサスグリ、赤や白または赤色の縞が入るカーラントなどがあります。黒実種には、フランス語のカシスの名でリキュールでも知られるクロフサスグリがあります。

いずれも園芸品種が数多くあり、特性を吟味して選ぶのも楽しいでしょう。

苗木の植えつけ　落葉期が植えつけの適期です。暖地では11月頃から、寒冷地では3月頃になってから植えつけます。スグリ類は春の芽出しが早いので、植えつけが遅れないようにしましょう。

約直径40cm×深さ40cmの丸い穴を掘って土に腐葉土を混ぜ、その半分に有機質肥料を加え、穴に戻して苗木を植えつけます。植えつけ後はたっぷりと水を与えます。

整枝・剪定のコツ　一般的には、株元や株元からやや離れて出る枝がたくさん出て株立ちに育ちます。品種によっては、直立性の性質が強いものなどもありますが、基本的には自然の樹形をそのまま生かすとよいでしょう。

花芽は1年生のわき芽や2～3年生の短果枝によくできます。4～5年経った古枝は株元から切るなど、株全体の若返りを図りながら樹形を整えます。混み合った部分の枝を間引き、日当たりと風通しをよくするように心がけます。

よい実をならせるコツ　1本でもよく実がなります。ただしクロフサスグリの品種には昆虫による受粉を必要とするものがあるため、ベランダなどで栽培する場合には人工授粉をしたほうが実着きがよくなることがあります。

放任しても育ち、果実も収穫できますが、まめに剪定をして株を更新させることが、よい実を多く収穫するコツです。

水やりと施肥　根が浅く細根が多いため、やや乾燥に弱い性質があります。土の表面に堆肥やバークなどを敷き、乾燥した晴天が続くときなどは水をやります。

肥料は多く必要としません。冬に有機質肥料を中心とした寒肥を少なめに与えます。新芽が動き出す時期が早く、生長が旺盛なので、春先に速効性の肥料を与えてもよいでしょう。

収穫のコツ　色づいたものから順に収穫します。フサスグリの多くはトゲがありませんが、スグリの多くはトゲがあるので注意しましょう。クロフサスグリはスグリの中では実が落ちやすいので、とくに収穫が遅れないようにします。ジュースやジャム、果実酒にすると大変おいしく、保存もできます。とくに赤実種は鮮やかな赤色で、目も楽しませてくれます。

主な病害虫とその防除　ウドンコ病と斑《はん》点落葉《てんらくよう》病が発生しやすいので注意が必要です。とくにヨーロッパ系スグリの品種はウドンコ病にかかりやすいため、日頃から風通しのよい環境を心がけましょう。害虫はハマキムシ、カイガラムシ、ハダニなどが発生することがあります。

鉢植えでの育て方　直径30cm以上の大きめの鉢を用いて育てます。勢いがよく充実した枝を2～3本残し、地植え同様に整枝しながら育てます。乾燥に弱いので水切れに注意。冷涼な気候を好み、高温多湿と夏の西日を嫌います。風通しのよい場所で管理するようにし、できれば梅雨時期は雨の直接当たらない場所、夏は強い日光を避けて半日陰に移動するとよいでしょう。

利用のしかた

完熟したほうが色と味が濃くなりますが、熟しすぎるとペクチンが減ってきます。ゼリーやジャムに加工するときは、やや早めに収穫するのがおすすめ。一度に収穫できる量が少ないときは、冷凍保存し、必要な分量がたまってから加工してもよいでしょう。また、果実酒なら少量でもOK。ホワイトリカーやウオツカなどに氷砂糖と一緒に入れるだけで、色鮮やかでビタミンやポリフェノールなども豊富な果実酒が手軽につくれます。

イチゴノキ【苺の木】

つぼ形の花とポンポンのような実の両方を一年かけて楽しめる

ヨーロッパ原産。晩秋につぼ形の花が房状に咲き、その後にできる実が緑〜黄〜赤へと一年かけてゆっくりと色づきます。光沢のある葉が美しい常緑樹で、古木のような個性的な木肌も楽しめ、シンボルツリーに向いています。

- ツツジ科 イチゴノキ属
- 常緑高木
- 栽培難易度 ★☆☆
- 結果年齢 約3年

栽培データ

適　地	日当たりがよく、保水性と排水性がよい肥沃な場所を好むが、ややややせた土地でも耐える
耐寒性	強い。成木に育てば-10℃を下回る環境でも耐える
耐暑性	強い
耐乾性	強い
耐湿性	ジメジメした土壌を嫌う
耐陰性	半日陰でも栽培可能
繁　殖	さし木、実生
土　質	あまり選ばない
授粉樹	不要

栽培スケジュール（基準地域：関東南部）

作業項目	1月	2月	3月	4月	5月	6月	7月	8月	9月	10月	11月	12月
植えつけ			●	●	●				●	●		
剪　定		●	●									
施　肥		●							●			
花芽分化											●	●
摘蕾・摘果												
花期・熟期	実	実								花	花実	花実
繁　殖	実生	実生				さし木	さし木					実生

よくある疑問点とその対処

Q　実着きのヒメイチゴノキを買ってきたのですが、翌年から実が着かなくなりました。剪定は収穫の直後に行っています。

A　イチゴノキは花期・熟期の11〜12月頃、枝先に翌年の花芽が分化します。剪定の時期は正しいのですが、方法が間違っているかもしれません。枝先を刈り込むように剪定をするとほとんどの花芽を落とすことになるので、剪定の方法を混み合った部分の枝を間引くだけにしてみてください。または、放任しても樹形がまとまりやすいので、1年間剪定せずに観察してみるのも一案です。

おすすめの品種　イチゴノキは樹高5〜10mにもなる高木です。根が深く広く張るので、できるだけ広い場所で育てるとよいでしょう。

ただし、園芸店では「ヒメイチゴノキ」とも呼ばれる矮性《わいせい》の品種「コンパクタ」や「ベニバナイチゴノキ」とも呼ばれる「ルブラ」のほうが多く出回っています。成木になっても樹高が1〜3m程度なので、家庭で楽しむのにおすすめです。

苗木の植えつけ　根づいたあとは移植を嫌うので、樹が生育するスペースをきちんと確保できる場所を選んで植えつけましょう。

根が地中深く伸びるので、植え穴を深

矮性の「コンパクタ」は、鉢植えでも栽培可。大きめの鉢を使えばベランダでも楽しめる。

花が赤みを帯びる「ルブラ」も矮性の品種。生長がゆっくりで、放任してもコンパクトにまとまる。

「コンパクタ」の苗木。ある程度生長した大苗は、その後の管理がしやすい。

高木に育つイチゴノキ。常緑なので、ブッシュ状のまま、ほぼ放任して育てると、目隠しやガーデンの背景にも向く。

めに掘り上げた土に腐葉土を混ぜ、その半分に有機質肥料を混ぜ込みます。ツツジ科の植物は一般に弱酸性〜酸性の土壌を好みますが、イチゴノキは幅広い土壌に対応性があるので酸度調整をしない庭土でも育ちます。もし、酸度無調整のピートモスがあれば、腐葉土などと一緒にすき込んでやるとよいでしょう。細い根を傷つけないよう注意して植えつけ、たっぷりと水を与えて、立てた支柱に誘引します。

丈夫で、寒さにも非常に強いのですが、若木のうちは寒さや強風のダメージを受けやすいので注意が必要です。寒冷地や寒風が当たる場所では株周りにわらなどを敷き、周囲をシートで囲むなど、防風や防寒対策を施すとよいでしょう。

整枝・剪定のコツ　自然樹形でも美しく整うので、剪定はほとんど不要です。地植えでは、放任すると地際から複数の枝が伸びる株立ちに育ちます。主幹形に仕立てる場合は、主幹から出る方向のよい枝の中から2～3本の主枝を決め、それ以外の芽は切って樹形を整えます。

生長して枝が混み合ってきたら、樹冠の内部に日が当たるように、不要な枝は2～3芽をつけて切ります。株元から枝が発生しやすいので、早めに付け根から切り取りましょう。

樹齢が増すと、節が多くなって表皮が剥がれてきます。生理的なものですから心配は無用ですが、あえてていねいに剥がして、独特の幹肌を楽しむのもよいでしょう。

熟すにつれて変化する果実の色とともに、独特の幹肌の美しさも堪能できる。

●剪定時の注意

剪定は混み合った部分の枝を間引くだけにするとよい。

このように、枝先に花芽ができるので、刈り込み剪定は避けたい。

美しく樹形を整えているが、刈り込んだために花芽を落としてしまった。

果実が熟す様子

ほんのり甘い香りのする花が集まって房状に咲き、花の少ない晩秋に楽しませてくれる。

果実は、緑から黄、オレンジ、赤へと色づく。完熟するまでに9～12か月かかるので、赤く色づく頃には次の花が咲き、花と果実が同時に楽しめるのも魅力。

よい実をならせるコツ　雌雄同株で、ミツバチなどの昆虫によって自家受粉するので、授粉樹は不要です。摘果もとくに必要ありません。

熟す途中で厳しい寒さに当たると、落果してしまうことがあります。寒さが厳しい地方では、防寒と強風を遮る工夫をするとよいでしょう。

水やりと施肥　成木になればかなりの乾燥にも耐えるので、地植えの場合、水やりはほとんど不要です。ただし、若木のうちは根の張りが十分でなく、水切れを起こすことがあるので、夏に乾燥した日が続いたときなどは水を与えましょう。

肥料は有機質肥料を中心に寒肥を施します。生長が旺盛な株には、初秋に速効性の肥料を追肥します。

収穫のコツ　完熟すると自然に落果します。自然に落ちた果実は汚れたり害虫の被害を受けたりしやすいので、その前に収穫しましょう。実が熟すまでの日数が長く収穫適期を見極めにくいのですが、真っ赤に色づいたものは甘みが増すので、そのように色づいた果実から順に収穫します。

主な病害虫とその防除　新芽にアブラムシやカイガラムシがつくことがありますが、ほとんど病害虫は発生しません。

鉢植えでの育て方　矮性の品種を選び、できるだけ大きくて深い鉢で育てます。株立ちにするとボリュームが増すので、主幹形に仕立てるのがおすすめです。混み合った部分や伸びすぎた枝を整理しながら、コンパクトな樹形に整えていきます。ただし、花芽は枝先に着きやすく、先端ばかり切ると花が咲きにくくなるので注意しましょう。

利用のしかた

イチゴノキの独特な樹皮にはタンニンが多く含まれ、皮をなめすのに利用されました。花は晩秋に咲くので蜂蜜を採取するには季節はずれですが、受粉の3か月後に特別に採取して作られるハチミツは甘みの裏に渋みと苦みがあって珍重されます。

完熟の果実には15％以上の糖度があってペクチンも含まれるので、ジャムやゼリーをつくるのに適します。ホワイトリカーに氷砂糖と漬ければ果実酒に。ポルトガルやコルシカ島など海外では、蒸留酒やリキュールがつくられたり、ワインの原料に使われたりします。

鉢植え

クランベリー【蔓苔桃《つるこけもも》】

山野草のツルコケモモの仲間。冷涼な地域を好み、花・実の両方が楽しめる

- ツツジ科 スノキ属
- 常緑低木
- 栽培難易度 ★☆☆
- 結果年齢 約２年

北アメリカ原産。冷涼な高地やミズゴケが自生するような湿地帯でよく見られます。ブルーベリーよりもアントシアニンを多く含む健康食品として知られ、クランベリーソースとして鶏肉料理などによく利用されます。

栽培データ

適　地	日当たりがよく、やや湿り気の多い場所
耐寒性	強い
耐暑性	夏の高温や強い日光に弱い
耐乾性	乾燥に弱い
耐湿性	強いが、日照不足にすると枝枯れを起こしやすい
耐陰性	弱い。日陰がちの場所では、花着きが悪くなる
繁　殖	実生、さし木
土　質	酸性
授粉樹	不要。自家受粉でよく結実する

栽培スケジュール（基準地域：関東南部）

作業項目	1月	2月	3月	4月	5月	6月	7月	8月	9月	10月	11月	12月
植えつけ			●	●						暖地⇨	●	
剪　定					●							
施　肥								●	●			
花芽分化							●	●				
摘蕾・摘果												
花期・熟期				花	花				実	実		
繁　殖					さし木				実生	実生		

よくある疑問点とその対処

Q　植えつけから3年目になる地植えのクランベリーが下葉から枯れてきました。虫害は受けていません。何が原因でしょうか。

A　乾燥によるものと思われます。鉢植えと異なり、地植えの場合はよほど乾燥しない限り水やりをしませんが、ツツジ科の植物は浅根性の樹種が多いため、水分が不足して立ち枯れることがあります。虫害でないとすると乾燥したためでしょう。日当たりのよい場所では土の乾きに注意し、ときどき水を与えることも必要です。

なお、酸性土壌を好むので、酸度を調べてみる必要があります（141ページ参照）。

おすすめの品種　苗木は実着きの鉢植えで売られていることが多いものです。ツルコケモモ（スモールクランベリー）やオオミノツルコケモモ（ラージクランベリー）が単に「クランベリー」として出回ります。暖地性で実なりのよい「バークマン」という品種もあります。苗木は新しい枝が伸びているものを選ぶことが大切です。

苗木の植えつけ　庭植えにする場合は、日当たりがよく、やや湿り気のある場所を選びます。苗木を植えつける前に完熟堆肥と腐葉土をたっぷりと加えておくとよいでしょう。

植えつけの適期は、一般的に3月～4月中旬ですが、暖地では11月に植えて冬越しさせることができます。植えつけ1年目は、株周りにピートモスを厚めに敷いておくと乾燥から保護でき、土壌を酸性化する効果も期待できます。

整枝・剪定のコツ　クランベリーは日光を好むので、株の内部にも日が差し込むように樹姿を整えておくのがコツです。ただし、前年枝の先端に花芽が着き、そこから伸びた新梢に開花します。刈り込んでしまうと、花が咲かなくなるので、注意してください。枝が混み合う部分を間引く程度にするとよいでしょう。

よい実をならせるコツ　花は4～5月に咲き、よく結実します。自家結実するので通常はとくに人工授粉の必要はありませんが、落花が多い場合は人工授粉をしたほうがよいでしょう。新枝にもよく日光が当たるように樹姿を整えれば十分に実なりを楽しむことができます。結実すると細い枝が下垂するので、全体に日光が当たるよう枝の配置に手を加えると、実着きがさらによくなります。

株の内部まで日が差し込むように、混み合う部分の枝を間引く。

水やりと施肥　乾燥しやすい土壌でない限り、庭植えの場合はとくに水やりをする必要はありませんが、晴天が続いて乾燥が心配される場合は、水やりを行ったほうが、実着きがよくなります。

肥料は、植えつけるときに元肥として発酵牛糞や油かすなどの有機質肥料を十分に施し、8～9月に追肥として速効性の化成肥料を株周りに施します。

収穫のコツ　9月中旬になると、実が色づいてきます。赤く熟して少しやわらかくなったものから収穫していきます。

主な病害虫とその防除　病気にかかることは少ないのですが、日照時間が短い場所では、カイガラムシが枝の分かれ目などに発生することがあります。見つけ次第、ブラシなどでこすり落としておきましょう。気温が上昇する6～7月にはハマキムシが発生し、葉やつぼみを食害するので、見つけ次第補殺します。

赤玉土4、腐葉土3、ピートモス3などの配合土で植えつける。市販のブルーベリー用土でもよい。

鉢植えでの育て方　晩秋に出回る実着きの鉢から始めるのが手軽ですが、直径9cm程度のポット苗を入手した場合は、直径21～24cmの鉢に赤玉土4、腐葉土3、ピートモス3の配合土で植えつけます。育て方は庭植えの場合と基本的には同じですが、夏は直射日光を避け、冬は軒先に置いて寒さに当てます。寒さに当てないと花芽ができにくくなります。整枝はとくに必要なく、株が大きくなったら3～4月にひと回り大きい鉢に植え替えます。

おいしい食べ方

赤く熟した実をジャムやジュースに利用します。アメリカでは、感謝祭のディナーは七面鳥のローストにクランベリー・オレンジリッシュを添えるのが定番です。また、日常的にはシロップ煮にしてソースをつくり、肉料理にかけて食べます。

ブルーベリー

病害虫が少なく、基本を押さえれば大変育てやすい、家庭栽培に適した小果樹

花

紅葉

北アメリカ原産。鉢植えでも十分に育ち、実がたくさん着くので、マンションなどのベランダでも手軽に栽培できます。もちろん、庭に植えつければ大きく育ちます。採りたてを食卓に出せば、毎朝の楽しみにもなるでしょう。

- ツツジ科スノキ属
- 落葉低木
- 栽培難易度 ★☆☆
- 結果年齢 約3年

栽培データ

適　地	日当りがよく、保水性と排水性がともによい、肥沃な場所
耐寒性	ハイブッシュ系は耐寒性あり
耐暑性	ラビットアイ系とサザンハイブッシュ系は暖地向き
耐乾性	乾燥に弱く、水不足に要注意
耐湿性	乾燥に弱いが、過湿も嫌う
耐陰性	半日陰地でも栽培可能
繁　殖	さし木
土　質	pH4.5～5.5の酸性
授粉樹	自家受粉できないため、同じ系列の２品種を植えつける

栽培スケジュール（基準地域：関東南部）

作業項目	1月	2月	3月	4月	5月	6月	7月	8月	9月	10月	11月	12月
植えつけ		●	●	●						●	●	●
剪　定	●	●				●						
施　肥	●		●						●			
花芽分化								●	●			
摘蕾・摘果												
花期・熟期					花	花	実	実				
繁　殖		さし木	さし木			さし木	さし木					

よくある疑問点とその対処

Ⓠ 栽培のポイントを教えてください。

Ⓐ ポイントは3つあります。まず、ブルーベリーはpH４・５～５・５の酸性土壌でないとうまく育ちません。植えつける前に土壌酸度を測り、アルカリ寄りであればピートモスを投入します。
また、３つの系統があり、各系列にさまざまな品種があります。自家受粉できないので、同じ系統の2品種を植えつける必要があります。さらに、根が非常に細く、根張りも浅いので、乾燥に弱く、冬に水不足で枯らしてしまうことがよくあります。冬でも、土の表面が乾いたらたっぷりと水をやりましょう。

おすすめの品種　地域（気候）によって栽培に適した系統があり、その中から品種を選ぶ必要があります。関東以北の寒冷地は耐寒性のあるハイブッシュ系が、関東以南の暖地であれば、耐寒性のないラビットアイ系がよいでしょう。サザンハイブッシュ系は極寒冷地以外の暖地向きで、沖縄でも育てられます。

苗木の植えつけ　一般的な庭土では酸度が合わないため、直接植えつけてもうまく育ちません。そこで、約直径50㎝×深さ50㎝の丸い穴を掘り、掘り上げた土1に対してピートモス1の割合で投入し、そこに有機質肥料を加えてよく混ぜ合わ

●ハイブッシュ系

エリザベス

シエラ

ダロー

デニスブルー

ブリジッタ

●ラビットアイ系

ウィトウ

ウッダード

オンスロー

タカヘー

ブライトウェル

ブルーマル

ブルーレッカー

プレミア

ホルトブルーメロディ

モンゴメリー

ラヒ

●サザンハイブッシュ系

サンシャインブルー

ハイブッシュ系は生食向きの品種が多い。紅葉が美しいのも特徴。ラビットアイ系は熟す前の実の色が、ウサギの目のように赤い。ジャムなど加工に向く品種が多い。サザンハイブッシュ系は極寒冷地以外なら日本全国で栽培可能。自家受粉しやすいのも特徴。熟してもピンク色の「フロリダローズ」や年２回収穫できる「ブルーマフィン」は人気が高い。

●近縁種

ナツハゼ

原生地は、東アジア。日本では北海道〜九州の丘陵地に分布。５〜６月に開花、10〜11月頃に黒色の実が熟す。

シャシャンボ

原生地は、東アジア。日本では関東南部〜九州に分布。６〜７月に開花、初冬に黒紫色の実が熟す。

ビルベリー

原生地は、東アジア。日本では北海道〜九州の丘陵地に分布。５〜６月に開花、10〜11月頃に黒色の実が熟す。

せ、水をたっぷり含ませて、浅く植えつけます（左図参照）。

栽培地には、日がよく当たり、風通しがよく、水はけのよい場所を選びます。毎年、株元に粗めのピートモスでマルチング（根の回りを覆うこと）を施すとよいでしょう。

植えつけ時期は、関東以北では春３〜４月か秋10〜11月頃、関東以南では春２〜４月か秋10〜12月頃が適期です。

●苗木の植えつけ

土壌酸度を高めるピートモスを土と同量加える。
株元を粗めのピートモスで覆うと生育がよい。

土壌酸度が不足すると、生育が悪くなる。

●冬の剪定

剪定前

剪定前。幹や枝が混み合い、葉が出たときに互いに日陰になる。

剪定後

病害虫の温床になる落ち葉を処分して完成。

花芽が着かなくなった株の中心部の幹を地際から間引く。

写真のような枝は、ほかの葉の陰になって育たないので間引く。

枯れ枝も切る。

徒長枝は日陰をつくるので、先を3分の1〜半分ほど切る。

切った部分の下の芽から、花芽を着ける新梢が伸びてくる。

枝先に花芽が着くので、混み合った部分の間引き剪定を中心に行う。間引くのは、花芽が着かなくなった古い幹、小さく弱い枝、枯れ枝、徒長枝など。間引く目安は、葉が出たときに混みすぎない程度を想定して、株の中への日当たりと風通しをよくする。外に向かう幹や枝は残す。古い枝も５〜６本残しておく。花芽の着く枝先は切らないこと。

枝先の様子。丸くふくらんだのが花芽。１つの花芽から５〜６花咲く。

整枝・剪定のコツ　苗が三年生になるまでは、剪定の必要はありません。四年生以上になったら、混み合ってきた枝や樹の内側に伸びた枝、弱々しい枝、徒長枝など、全体の樹形を見ながら整枝・剪定を行い、２割程度の枝を取り除くとよいでしょう。風通しがよくなり、日光も枝や葉の中まで当たって、よい実が収穫できます。

整枝・剪定は、毎年１〜２月の冬場に行います。また、３月頃に混み合っている枝や細く弱い枝などが残っていれば、取り除いてください。

さらに、６月頃、株元から強くまっすぐに伸びた新梢の先を３分の１ほど切ると、枝分かれして横に広がり、バランスのとれた樹姿に育ちます。

よい実をならせるコツ　花芽は８〜９月頃、生育のよい新梢の頂部に着いて、花は翌年の５〜６月頃に咲きます。

ただし、苗を９cmポットから植え替えて２年間は、すべての花を取り除き、実が着かないようにしましょう。樹勢の強い株に育てるための大切な作業です。

ブルーベリーは自家受粉できないので同系統の２品種を植えつけます。自然受粉はミツバチなどの昆虫によって行われますが、昆虫が来ないところでは、人工授粉を行う必要があります。花が咲いたら細い筆などで雄しべから花粉を取り、別品種の雌しべにつけます。うまく受粉すると、下を向いていた花が数日で上を向きます。

水やりと施肥 ブルーベリーは根が細く、根張りも浅いので乾燥にとても弱い性質があります。そのため、夏場は昼間を避けて朝と夕方にたっぷりと水をやり、冬場を含むほかの季節も、土の表面が乾いたら、たっぷりと与えてください。水枯れを起こさないようにするのが、ブルーベリー栽培の大きなポイントです。ただし、根が弱いため、いつまでも滞水している状態も嫌います。

肥料は、植えつけ時に元肥として有機質肥料を土に混ぜ込みます。三年生苗には、1月頃と3月頃に緩行性の混合肥料や有機質肥料を実の収穫後にはお礼肥として速効性の化成肥料を与えます。

初心者の方に多いミスですが、花の咲く頃には絶対に肥料を与えないでください。花芽が落下して実が着きません。

収穫のコツ 濃い青紫に色づき、完熟した実から収穫していきます。ただし、ラビットアイ系の「ブルーマル」という品種は、色づいても完熟しないと渋みがあるので注意しましょう。

主な病害虫とその防除 病害虫の少ない果樹ですが、夏以降にイラガがつくことがあります。葉の裏にいるので見つけにくいものですが、下に落ちている糞が発見のポイントです。見つけたら葉ごと切り取って捕殺します。刺されると激しく痛むので、触れないよう注意しましょう。

ふやし方 さし木で簡単にふやすことができます。ピートモス1、鹿沼土1の配合土にパーライトを全体の10％加えてよく混ぜ合わせ、たっぷりと水を含ませてから、さし穂をさしていきます。

2～3月の春ざしでは、前年枝の充実した部分を、6～7月の梅雨ざしでは、充実した新梢をさし穂にします。

明るい日陰で乾燥しないように管理して、新芽が伸びてきたら、徐々に日当りに慣らしていきます（詳しい作業の手順は153ページ参照）。

鉢植えでの育て方 土はピートモス1に対して鹿沼土1の割合で、元肥を24cmの鉢で20g程度加えて、よく混ぜ合わせます。水をたっぷり含ませ、根を優しくほぐして植えつけます。鉢は、スリット鉢など水はけのよいものを選びましょう。

置き場所は、日光がよく当たり、風通しのよい所で。できれば毎年、ひと回り大きい鉢に植え替え、好みのサイズまで生長したら2年に1回、土を入れ替えてください。

植えつけ時期は、関東以北では春3～4月か秋10～11月頃、関東以南では春2～4月か秋10～12月頃が適期です。

アントシアニンや食物繊維が豊富

ブルーベリーの果実には、便秘によい食物繊維が多く含まれます。また、濃い青紫の色素アントシアニン（ポリフェノールの一種）は、その抗酸化作用により、若さを保って老化を防ぎ、眼の働きを助けるといわれています。

アンズ・ウメ【杏・梅】

早春から馥郁《ふくいく》たる香りを漂わせる花が咲く。剪定のしかたに要注意

- バラ科 サクラ属
- 落葉高木
- 栽培難易度 ★☆☆
- 結果年齢 約3年

アンズ・ウメは中国原産。ウメは奈良時代に渡来、薬用か花の観賞が主だったようですが、鎌倉以降は梅干しや梅酒など、健康食品としても愛用されました。アンズはほんのり紅色を帯びた花を咲かせ、ウメ同様に広く活用されます。

栽培データ

適地	日当たりがよく、排水性と保水性がともによい、肥沃な場所
耐寒性	アンズは強いが、幼果期に晩霜がある地方は収量減。ウメは比較的強いが、開花後に8℃以下になると冷害を受けやすい
耐暑性	強い
耐乾性	強い
耐湿性	弱い
耐陰性	やや弱い
繁殖	さし木、つぎ木
土質	あまり選ばない
授粉樹	品種を選べば不要

栽培スケジュール（基準地域：関東南部）

作業項目	1月	2月	3月	4月	5月	6月	7月	8月	9月	10月	11月	12月
植えつけ	●	●										●
剪定							●				●	●
施肥	●	●							●			
花芽分化							●	●				
摘蕾・摘果					摘果⇦豊作の年							
花期・熟期		花	花			実	実					
繁殖	つぎ木	つぎ木	つぎ木	さし木	さし木	つぎ木	つぎ木	つぎ木				

よくある疑問点とその対処

Q 花梅《はなうめ》の実も食べられますか？

A 花梅として育てたウメの実も、もちろん食用にできます。ただし、早くに花が咲く品種が多いので、寒さで実の育ちが悪かったり味が劣ったりすることが多いようです。逆に実梅《みうめ》の花も美しさに変わりはありません。花梅に比べて派手さはないかもしれませんが、楚々《そそ》として繊細な印象で、庭木としてぜひ楽しみたいものです。いずれにせよ、実の利用を考えている場合は、薬剤の使用に十分注意してください。

おすすめの品種〈ウメ〉　ウメの中で実つきがよく品質もすぐれたものを「実梅」と呼び、花を主に愛でる品種とは分けて扱われます。実の小さい小玉系は早生《わせ》、中玉系は中生《なかて》、大玉系は晩生《おくて》が主流です。ほとんどの品種が1本では実がならないので、花粉が多く授粉樹向きの小玉系品種を近くに植えるか人工授粉をします。庭が狭いときは、1本でも実がなる自家結実性の高い品種を選ぶとよいでしょう。「白加賀《しろかが》」は古くから栽培される実梅の代表種で、実が大きく果肉が厚くて美味ですが、花粉は少なめ。「豊後《ぶんご》」は果実が大きく肉質がしまっています。樹勢が強く栽培は容易ですが、やや自家結実性が弱いので、授粉樹があるとよいでしょう。「南高《なんこう》」は中玉系の紀州の梅として有名で、

●実梅の一例

白加賀

青軸《あおじく》

玉英《ぎょくえい》

豊後

大盃《おおさかずき》

寒紅梅《かんこうばい》

華やかな花梅の実も、梅酒などに利用できる。

梅干し用におすすめ。花粉が多い特徴があります。「甲州小梅《こうしゅうこうめ》」は自家結実性が強く開花期が長いので、授粉樹としても適します。梅干しや梅漬け用にもおすすめです。

おすすめの品種〈アンズ〉 日本で古くから栽培される品種は酸味が強いものが多く、ジャムなど加工用に適します。もっとも知られるのは大正時代から栽培されている「平和《へいわ》」で、実が大きくなりますがやや裂果しやすく、自家結実性が弱い性質があります。「新潟大実《にいがたおおみ》」や「山形《やまがた》3号」は1本でもよく結実します。

アンズを生で味わうようになったのは、大正時代以降に酸味の少ないヨーロッパ系の品種が導入されてからといわれます。「ハーコット」や「ゴールドコット」などが人気ですが、日本で栽培すると病害の発生が多く結実が悪い傾向がありました。近年では、日本の気候にあって育てやすく、食味のよい「サニーコット」や「ニコニコット」など、生食用の国内産新品種も登場しています。

苗木の植えつけ 寒さには比較的強いのですが、低温で花や幼果が傷むことがあるので、寒風の当たらない日だまりを選びましょう。開花が早く新根の伸びる時

冬の剪定

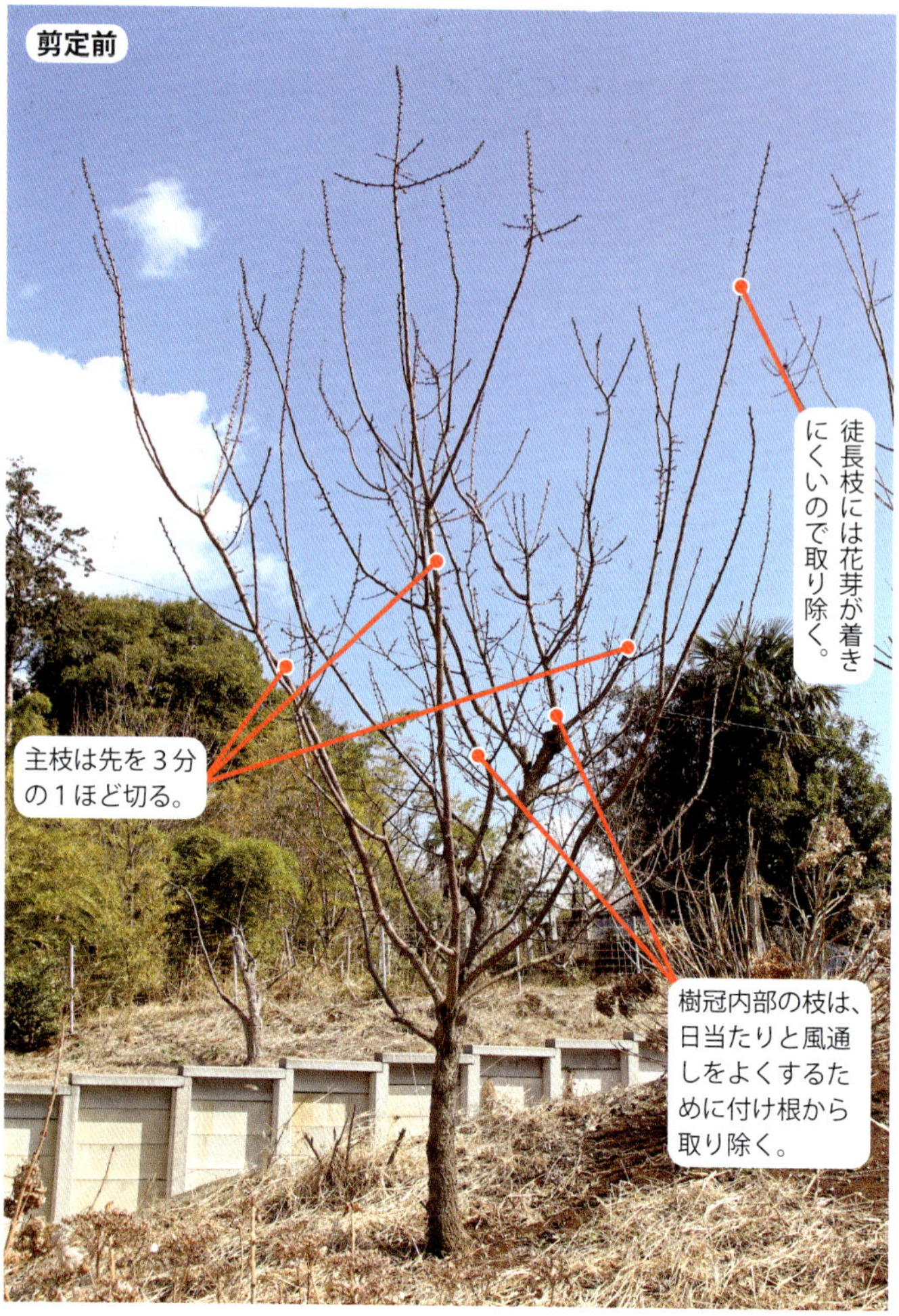
剪定前
徒長枝には花芽が着きにくいので取り除く。
主枝は先を3分の1ほど切る。
樹冠内部の枝は、日当たりと風通しをよくするために付け根から取り除く。

剪定後
主枝
主枝
主幹

中果枝
短果枝
丸みを帯びているのが花芽。

花芽が着いた短果枝と中果枝。長い枝の先を切り、このような枝の発生を促す。

この剪定例はアンズ。ウメより遅い3月下旬頃に咲く。ウメの剪定も同様に行う。

期も早いので、落葉している12～2月頃、早めに植えつけます。晩霜のある地方や寒冷地では3月頃でもよいでしょう。約直径50cm×深さ50cmの穴を掘り、掘った土に腐葉土を混ぜ、その半分に土2、油かす1、発酵牛糞1の割合で加えて混ぜ、穴に戻します。多湿を嫌うので土をやや高めに盛ってから植えつけるとよいでしょう。植えつけたら地表から60cm～1mのところで切り、支柱を立てます。

整枝・剪定のコツ 主幹からバランスよく出た3～4本の枝を、主枝として育てます。枝の先端の新梢が伸びやすく、徒長枝も出やすいので、放任すると次々に枝が伸びて樹全体のボリュームが増しますが、花が先端だけに咲くようになったり、実つきが悪くなったりします。まめに剪定してコンパクトに樹形を整えることが大切です。とはいえ、すっきりと見た目優先に樹形を整えてしまうと、実が着きにくくなります。花芽は、長さ5cmほどの短果枝や15cmほどの中果枝によく着きます。見栄えはやや悪くゴツゴツした印象になりますが、長い枝の先を3分の1ほど切り、充実した短い枝の発生を促すことが収量を増やすコツです。

剪定は、夏と冬。夏は花芽分化の直前の7月上旬頃に行います。伸びすぎた枝を整理することで、日当たりと風通しをよくして花芽の健全な生長を助けます。結実する短果枝や、外側のよい方向へ元気に伸びる枝は残し、それ以外の不要な枝は付け根から取り除きましょう。また、枝の頂部は、伸ばしたい方向の芽の上で摘芯します。

冬の剪定は落葉したら早めに行います。主枝は先を3分の1ほど切り、そこから伸びる枝が左右バランスよく配置するように、不要な枝を間引きます。残す枝も5～10芽ほどつけて切り、短果枝の発生を促します。枝に光が当たらないと枯れ込んだり実着きが悪くなったりするので、夏と同じく、混み合う部分を間引きます。

よい実をならせるコツ　自家結実性のある品種や授粉樹を植えている場合も、よく結実させるためには、人工授粉をすると安心です。花粉が多めの品種なら実梅でも花梅でもよく、アンズやモモ、スモモなどでも交雑可能です。雄しべからとった花粉を筆先につけ、開花した雌しべにつけてやります。

ウメは隔年結果しやすいので、豊作の年は生理落果後のゴールデンウイーク前後に、葉15枚に1果ほどを目安に摘果すると、毎年平均して収穫できます。

水やりと施肥　地植えの場合はほとんど不要です。鉢植えの場合は、鉢土が乾いたらたっぷりと与えましょう。

栄養状態が悪いと花が少なくなりますが、一年中肥料が効いていると葉ばかり茂って実着きが悪くなります。冬に緩効性の混合肥料や有機質肥料を施し、花芽が着く6～7月は肥料を切らすようにし、9月の落葉前に再び追肥を与えます。

収穫のコツ　樹冠上部の陽光がよく当たる面の果実が早く熟すので、2～3回に分けて収穫します。梅酒用には果実がやや硬く青いうちに、梅干し用なら黄色く色づきはじめた頃など、好みの頃合いを見計らうとよいでしょう。

主な病害虫とその防除　病気ではウドンコ病や灰星《はいほし》病、黒星《くろほし》病など、害虫ではアブラムシやカイガラムシ、毛虫類がつくことがあるので、早めに対処しましょう。

鉢植えでの育て方　盆栽のウメやアンズでも実を着けて楽しむことができますが、一般的には直径24cm以上の大きな鉢を使いましょう。地植えと同様に剪定しますが、枝数が少ない場合には徒長枝を切らずに支柱に誘引したりして、剪定しすぎないように樹形を整えていきます。

●収穫の目安

アンズは黄橙色に熟したものから収穫する。

梅酒にする場合は、まだ緑色のうちに収穫するのが一般的。

梅干しにする場合は、黄色く熟してから収穫する（熟果の梅酒も美味）。

アロニア（チョークベリー）

高機能食材としてさまざまな活用が注目されるニューフェース

北アメリカ原産。果実は渋みが強く生食に向きませんが、さまざまに加工できる健康果実として注目されています。リンゴやサクランボが育たない厳しい自然環境下でも育ち、花、実、紅葉が楽しめる庭木としてもおすすめです。

- バラ科 アロニア属
- 落葉低木
- 栽培難易度 ★☆☆
- 結果年齢 約2年

栽培データ

適 地	日当たりがよく、保水性と排水性がともによい肥沃な場所が適すが、多少やせた土地でも育つ
耐寒性	非常に強く、管理がよければ-30℃以下にも耐える
耐暑性	やや弱く、冷涼な気候を好む
耐乾性	やや弱い
耐湿性	やや湿った土壌を好む
耐陰性	半日陰でも栽培可能
繁 殖	さし木、とり木
土 質	とくに選ばない
授粉樹	不要

栽培スケジュール（基準地域：関東南部）

作業項目	1月	2月	3月	4月	5月	6月	7月	8月	9月	10月	11月	12月
植えつけ	●	●	●								●	●
剪 定	●	●	●									
施 肥	●											●
花芽分化												
摘蕾・摘果												
花期・熟期					花	花			実	実		
繁 殖					●	●						

おすすめの品種 アロニアにはメラノカルパ（黒実）、アルブティフォリア（赤実）、アトロプルプレア（紫実）の3種やその仲間があります。北米からヨーロッパを経て19世紀初頭にロシアに伝わり、日本には1976年、日ソ農業技術交流事業に基づいて当時の農林省が種子を導入し、北海道農業試験場において研究が進められました。日本で多く栽培されているのは、そのときに導入されたメラノカルパです。

熟した果実は甘酸っぱいのですが渋みが強く、わずかに苦みもあり、生食には不向き。日本では実の色から「チョコベリー」の名で流通されることもありますが、英名の「チョークベリー」は、おいしそうな見た目に誘われて生で食べると「びっくりして息を飲む、むせる（＝チョーク）」に由来すると思われます。

アロニア・メラノカルパ。ロシアではナナカマドに似ることから「黒実のナナカマド」とも呼ばれる。

アロニア・アルブティフォリア。西洋カマツカの名でも呼ばれ、きれいな赤に色づく。

苗木の植えつけ　落葉期に植えつけます。寒冷地では凍害を避けるために3月頃まで待つと安心ですが、新芽が動き出す春前には植えつけを終えましょう。寒さに強い半面、高温多湿に弱いので、風通しのよい場所を選びます。約直径50cm×50cmの丸い穴を掘り、腐葉土や有機質肥料を混ぜ込んで植えつけます。植えつけ後はたっぷりと水を与えます。

整枝・剪定のコツ　花芽は前年に伸びた枝の先に着き、それが伸びて開花・結実します。したがって枝先は切らず、混み合う部分の間引き剪定を中心に樹形を整えます。

株元や株元からやや離れて出る枝が毎年伸びるので、勢いのある枝を2～3本残し、弱い枝は付け根から切ります。混み合っている部分の枝や上部に発生した強すぎる枝も切ります。アロニアは枝が細く果実の重みでしなるので、広がりすぎて雑然とした樹姿になりがちです。そこで、外側の枝を切るときも、内側に伸びる芽（内芽）の上で切るのがコツ。5～6年ほどで主枝が10～12本くらいになり、ブッシュ状の樹形ができあがります。

古枝には、実が着きにくくなります。3～4年を目安に古い主枝を株元から切り、勢いのある新梢に更新しましょう。

よい実をならせるコツ　1本でもよく受粉するので人工授粉は不要です。樹が生長すると果実の重みで枝が倒れるので、ひもで枝をまとめたり支柱に誘引したりして、日光がよく当たるようにするとともに果実が汚れるのを防ぎます。

水やりと施肥　やや湿り気のある土壌を好みます。とくに6月上旬から7月中旬くらいの間は果実が大きくなる時期ですから、水切れに注意しましょう。

肥料は多く必要としません。12～1月に、有機質を多く含む寒肥を与えます。

収穫のコツ　日当たりのよいところに着く果房の基部からだんだんと熟すので、順に収穫しましょう。全部の果実が熟すまでには、約1か月かかることもあります。アロニアは果皮に厚みがあって日持ちがよく、熟しても果実とヘタが離れにくいので、多くの果実が熟した頃合いに一気に収穫することも可能です。

主な病害虫とその防除　高温多湿期にウドンコ病が発生したり、シンクイムシ、アブラムシ、コガネムシなどの害虫がつくことがあります。日頃から風通しのよい環境づくりを心がけ、異変が発生したら早めに駆除しましょう。

鉢植えでの育て方　直径24cm以上の鉢を用いて育てます。放任すると樹姿が雑然として実着きも悪くなるので、冬の剪定で主枝を4～5本残して間引き、夏の剪定で新梢を50～60cmに切ってコンパクトに仕立てます。主枝を3本に間引き、あんどん仕立てにしてもよいでしょう。

食べ方／栄養価

ポリフェノールがブルーベリーの2倍以上も含まれるといわれます。近年では、脂肪を分解促進させる機能や、血圧降下作用のある成分が含まれると報告されるなど、優れた機能性食品として期待が寄せられています。

アロニアはアントシアニンが多く含まれて、果肉まで濃紫色。酸味や渋みが強いことから生食には向かず、家庭ではジャムやシロップ漬け、果実酒などにします。冷凍などの加工方法で渋みを減少させたり、濃い色合いを生かしてワインやアイスクリームの色づけや染料として用いるなど、広範囲での活用や商品開発も行われています。

カリン・マルメロ

香り豊かな果実はのどによいといわれ、果実酒やシロップ漬けなどに利用

- バラ科 ボケ属・マルメロ属
- 落葉高木
- 栽培難易度 ★☆☆
- 結果年齢 約5年

カリンは中国原産。よく似たマルメロは中央アジア原産。ヨーロッパではギリシア・ローマ時代から栽培された古い歴史を持ちます。豊かな芳香が魅力で、部屋や車に置くだけで天然のやすらぎ効果のあるルームフレグランスに。

栽培データ

適　地	日当たりがよく、保水性、排水性がともによい、肥沃な場所
耐寒性	かなり強い
耐暑性	やや冷涼な場所を好む。温暖で生育期に雨が多い地方は、木の生長が旺盛すぎて生理落果が増える
耐乾性	普通
耐湿性	普通
耐陰性	やや日当たりが悪くても耐える
繁　殖	さし木、つぎ木
土　質	あまり選ばない
授粉樹	マルメロは必要

栽培スケジュール（基準地域：関東南部）

作業項目	1月	2月	3月	4月	5月	6月	7月	8月	9月	10月	11月	12月
植えつけ	●	●	●	●							●	●
剪　定	●	●									●	●
施　肥	●											●
花芽分化							●	●				
摘蕾・摘果					●	●	●					
花期・熟期				花	花	花			実	実	実	
繁　殖					●	●						

おすすめの品種　カリンはとくに品種は分かれていませんが、1本で結実します。マルメロは「スミルナ」など性質のすぐれた品種があります。自家受粉しにくいかほとんどしないので、マルメロの他品種を一緒に植えるか、カリンやナシなどから花粉を取り、人工授粉します。

葉の縁に鋸歯がある。熟した果実の表面には綿毛がなく、ガクが脱落する。

葉の縁はなめらか。若い果実とガクには綿毛があり、綿毛は収穫期まで残る。

苗木の植えつけ　落葉後、4月上旬頃までが植えつけの適期。耐寒性の強い果樹ですが、冬の寒さが厳しく土が凍結する地方では春植えのほうが安心です。

約直径40cm×深さ40cmの植え穴を掘り、腐葉土や有機質肥料を混ぜ込んで植えつけます。たっぷりと水を与え、支柱を立てて誘引しましょう。

整枝・剪定のコツ　カリンはマルメロよりも樹勢が強く、樹が大きく育ちます。まずは主幹をまっすぐに伸ばし、そこから出る枝を主枝として育てていきます。本来10mを超すほどの大木になるので、3mを超したら主幹を地表から2～3mの部分で切り、樹高を抑えましょう。

マルメロの剪定はカリンに準じますが、ある程度年数が経つと主枝やそこから伸びる枝の勢いが急に弱まってくることがあるので、毎年枝先を3分の1ほど切り、主枝を更新しながら育てます。

カリンの花芽は枝の基部から出る短枝の先端にできて、そこから伸びた新梢に開花・結実します。マルメロの花芽は前年に伸びた枝の先端にできて、そこから伸びた新梢の先に開花・結実します。

いずれも混み合った部分の枝を間引き、一部の枝は20～30cm残して切り、基部から短枝が出るよう促します。ただし、間引き剪定を多くすると、若い枝ばかり伸びて花芽が着きにくいので注意を。短い新梢をたくさんつけるように樹形を整えるのがコツです。

よい実をならせるコツ　カリンは自家受粉しやすい果樹ですが、筆などで人工授粉を行うと実着きがよくなります。マルメロは自家不和合性が強いので、他品種を近くに植えるかその花粉で人工授粉を行います。ナシやカリンの花粉でも受粉します。なお、品種によっては自家受粉するものもありますが、やはりカリンに準じて受粉を助けると安心です。

着果が多い場合は、葉60～80枚当たり1果を目安に摘果するとよいでしょう。

水やりと施肥　地植えの場合はとくに水やりは不要ですが、マルメロはカリンに比べて浅根性で乾燥に弱いため、晴天続きで土が乾いたときなどは水を与えるとよいでしょう。

肥料は与えなくても育ちますが、やせ地では実着きが悪くなるので、12～1月に有機質肥料を少なめに施します。6～7月は植物の生育が旺盛な時期で、新梢も旺盛に伸長します。ただし、いつまでも伸びていると花芽が着きにくくなってしまいます。この時期はやや水やりを控えて肥料も切らし、新梢の伸びを止めるのがコツです。

収穫のコツ　果皮が黄色くなり、香りが高くなってきた頃が収穫期です。適期に収穫した果実は果肉が淡黄色でみずみずしく、種が黒褐色。収穫が遅れると果肉が褐色になってしまいます。果実は手で簡単にもぎ取れます。硬くても傷がつきやすく、黒褐色に変色してしまうので注意しましょう。

主な病害虫とその防除　ウドンコ病、ごま色斑点《いろはんてん》病、根頭癌腫《こんとうがんしゅ》病などの病気になることがあります。カイヅカイブキなどビャクシン属の針葉樹から赤星《あかほし》病が移るので、近くで育てないようにします。害虫はシンクイムシやコウモリガ、ハダニ、グンバイムシ、毛虫類などが発生します。とくに実を食い荒らすシンクイムシの被害が甚大なので、袋掛けで防ぎます。その他の病害虫も早めに駆除しましょう。

鉢植えでの育て方　カリンもマルメロも古くから盆栽にして愛でられており、鉢でも実をならせることが可能です。ただし、実をたくさんつけると樹が弱るので、葉60～80枚当たり1果を目安に摘果するとよいでしょう。

利用のしかた

カリンもマルメロも果肉が硬く、生食はできませんが、のどによいとされ、果実酒やシロップ漬け、ジャム、水煮などに加工して利用します。とくにカリンは、果実の香りのよさと美しい幹肌、名前が「金を借りん」に通じることから、縁起木として庭木に好まれています。

キイチゴ類【木苺】

生育が旺盛で栽培しやすく、初心者にもおすすめの小果樹

- バラ科 キイチゴ属
- 常緑〜落葉低木
- 栽培難易度 ★☆☆
- 結果年齢 約２年

ほとんど手間をかけなくても、毎年おいしい実が味わえます。生の果実は日持ちが悪くてあまり出回らないので、家庭で新鮮な味を堪能しましょう。フェンスやトレリスに誘引して仕立てるのも容易で、庭を立体的に活用できます。

カジイチゴ

ブラックベリー

栽培データ

適　地	日当たり、風通し、保水性、排水性がよい肥沃な場所	耐湿性	常にジメジメした排水の悪い環境を嫌う
耐寒性	ラズベリーは耐寒性が非常に強い。ブラックベリーとデューベリーは-20℃くらいまで	耐陰性	半日陰地でも育つが実着きは劣る
耐暑性	高温多湿を嫌う	繁　殖	さし木、とり木
耐乾性	強いが極端な乾燥は避ける	土　質	pH5.5〜7.5
		授粉樹	不要

栽培スケジュール（基準地域：関東南部）

作業項目	1月	2月	3月	4月	5月	6月	7月	8月	9月	10月	11月	12月
植えつけ	●	●	●								●	●
剪　定	●	●				●					●	●
施　肥		●						●				●
花芽分化				●	●	●						
摘蕾・摘果												
花期・熟期				花	花		実	実				
繁　殖					●	●						

おすすめの品種　キイチゴは非常に多くの仲間があり、原種は世界全域に分布しています。日本にもカジイチゴやクサイチゴなどが自生しています。生育が旺盛で古くから自生種が利用されてきましたが、19世紀以降に多くの園芸品種が作られて栽培が広がりました。大きくはラズベリーの仲間と、ブラックベリーとデューベリーの仲間の２つに分けられます。

ラズベリーはヨーロッパ、北アメリカ原産で耐寒性が強く、夏期に冷涼な気候を好みます。トゲが小さくて少ない「ラーザム」や二季なり性の強い「インディアンサマー」、果実が淡黄色の「ゴールデンクイーン」など多くの品種があります。

ブラックベリーとデューベリーはラズベリーに比べて耐寒性はやや劣りますが、耐暑性があるので温暖な地域での栽培に向きます。一般に、ブラックベリーは直立性、枝が横に広がる開張性、這うように伸びるほふく性などさまざまな樹姿の性質があり、花は複数集まって房状につきます。デューベリーはほふく性が強く、花数が少なく果実はまばらに着く傾向があります。ただし、これらは園芸的な慣例として分類されるもので、雑種性も強く、品種によってもさまざまです。家庭では、とげのない品種がおすすめで、つる性の「ソーンフリー」やほふく性の「ボ

イセンベリー」など、栽培する場所に適した品種を選ぶとよいでしょう。

さまざまなキイチゴ

カジイチゴ
花

クサイチゴ
花

日本にも自生するキイチゴの仲間２種。カジイチゴは大きめの葉が特徴で、カジノキに似る。クサイチゴは樹高がごく低く、地面を這う草のように見えることから名づけられた。

ブラックベリー（つる性）
花

ブラックベリー（ほふく性）

ラズベリー（赤実種）
花

ラズベリー（黄実種）

欧米産のキイチゴの仲間。品種が多いので、特徴を吟味して選ぶのも楽しい。トレリスやフェンスに誘引して、立体的に楽しめるのも魅力。

苗木の植えつけ　落葉した晩秋からが植えつけの適期です。暖地では11月頃に、寒冷地では3月頃まで待って植えつけるとよいでしょう。遅くなると新芽が動き出すので、適期を逃さないことです。

　約直径50cm×深さ50cmの丸い穴を掘り、腐葉土や有機質肥料を混ぜ込んで植えつけ、たっぷりと水を与えておきます。植えつけたら、生長を促すため、枝の先を3分の1ほど切ります。

● 苗木の植えつけと誘引

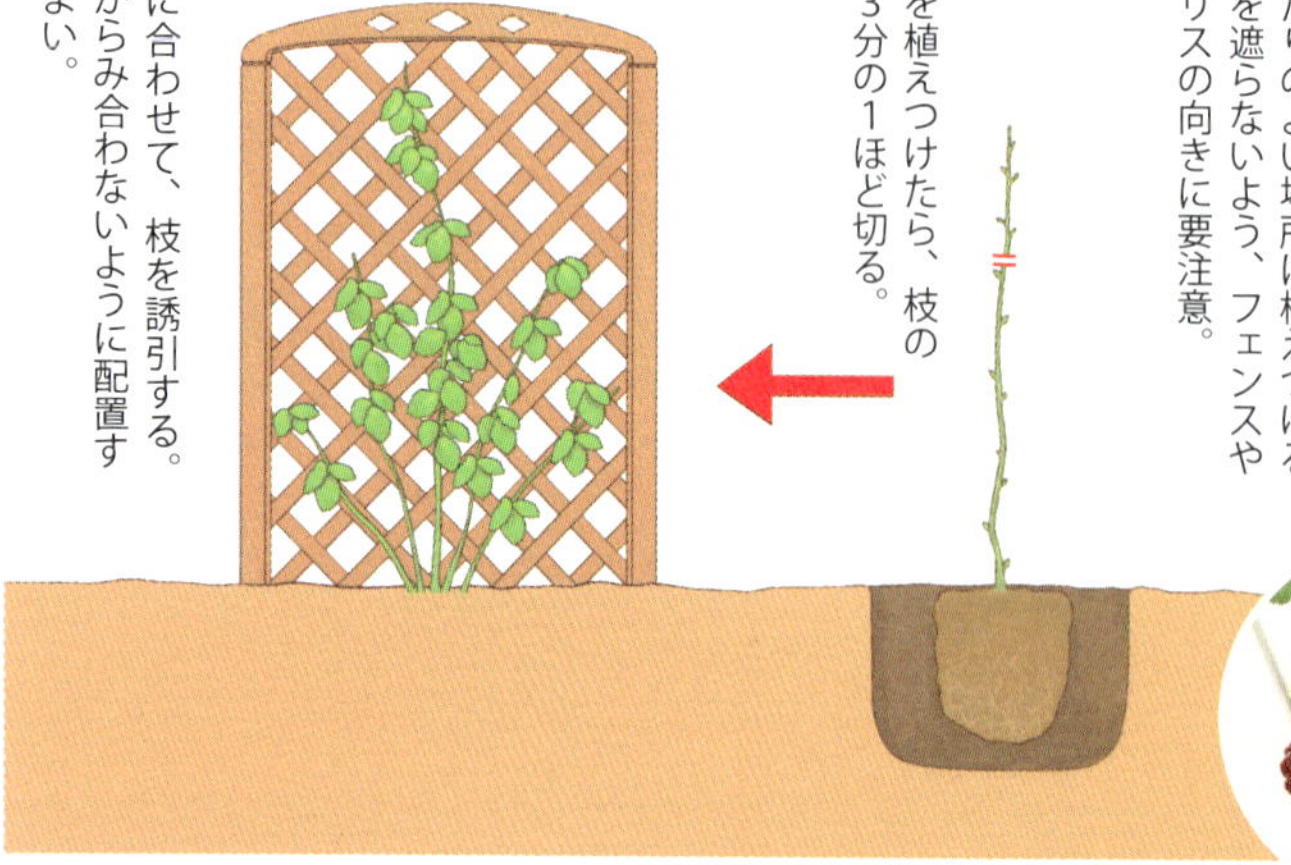
日当たりのよい場所に植えつける。日照を遮らないよう、フェンスやトレリスの向きに要注意。
苗木を植えつけたら、枝の先を3分の1ほど切る。
生長に合わせて、枝を誘引する。枝がからみ合わないように配置するとよい。

整枝・剪定のコツ　基本的には株立ち性に育ちますが、品種によってつる性の性質が強いもの、ほふく性が強いもの、直立性のものなどがあります。自然の樹形を活かした仕立て方を基本にしますが、フェンスや支柱、トレリスなどに誘引し、立体的に仕立ててもよいでしょう。

　ラズベリーもブラックベリーも二年生の枝に花芽ができ、そこから春に伸びた新梢の先に果実ができます。果実を収穫したあとの枝はだんだんに勢いがなくなって、翌春までに枯れてしまいます。

　毎年、生育期の株元や株元からやや離れて枝が出るので、早く出た枝の中から元気で勢いのよいものを残し、弱い枝や実が着いて枯れた枝は付け根から切ります。実が着いたあとの枝や混み合った部分の枝は間引き、上部に発生した強すぎる枝も先を3分の1ほど切ります。

　生育が旺盛なので、夏にも剪定するとよいでしょう。6月頃、一年枝の長すぎるものや混み合った部分の枝先を3分の1ほど切り、株元から出る弱い枝を間引きます。これは側枝の発生を促すとともに、風通しをよくして夏の高温多湿に備える効果もあります。

よい実をならせるコツ　自家受粉でよく結実するので、授粉樹や人工授粉は不要です。放任しても育ち、収穫できますが、たくさんの花芽を着けるためには冬と夏の剪定をしっかり行いましょう。

水やりと施肥　常に湿った環境を嫌い、乾燥にも比較的強いので、地植えの場合はとくに水やりは不要です。乾燥した晴天が続いたときなどに水を与える程度でよいでしょう。

　肥料は多く必要としません。冬に有機質肥料を中心として寒肥を与えます。春先と収穫後には、速効性の化成肥料を与えてもよいでしょう。

収穫のコツ　熟したものから、順に収穫します。ラズベリーは熟すと果実とヘタが離れ、果実が空洞となって崩れやすいので、ていねいに扱います。ブラックラズベリーは、果実が赤く色づいてからさらに黒く熟すので要注意。ブラックベリーは、熟しても果実とヘタが離れない

●冬の剪定（ほふく性）

剪定後の様子

実を着けた枝は枯れるので、付け根から切り取る。その他は混み合った部分を間引く程度。長すぎる枝は先を切る。

翌年、実を着けた状態。毎年、更新を繰り返す。

●冬の剪定（つる性）

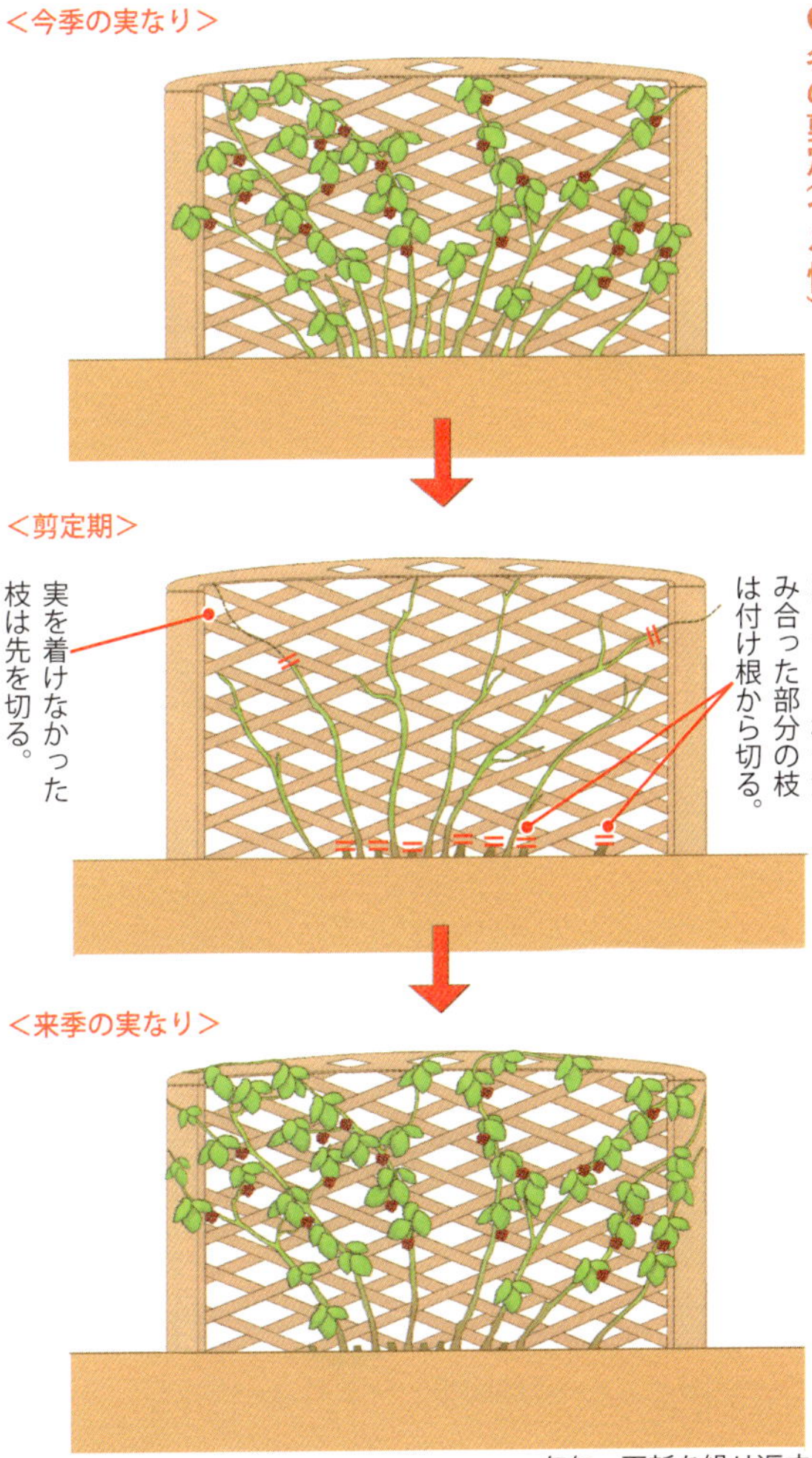
＜今季の実なり＞
＜剪定期＞
実を着けなかった枝は先を切る。
実をつけた枝や混み合った部分の枝は付け根から切る。
＜来季の実なり＞

毎年、更新を繰り返す。

ので、果柄の部分から摘み取ります。

収穫したものを直射日光に当てると日焼けを起こして茶色に変色し、見た目と味が悪くなって生食には向かなくなります。また、熟した果実をそのままにしておくと、カビや害虫が発生しやすいので気をつけましょう。

主な病害虫とその防除　灰色かび病やウドンコ病が発生したり、ハミハダニなどのハダニ類、ハマキムシ、アブラムシ、コガネムシなどの被害に遭うことがあります。とくにキイチゴ類は、収穫が梅雨の高温多湿期と重なって、病害虫が発生しやすい果樹です。風通しのよい環境づくりを心がけ、発生したら早めに駆除しましょう。

鉢植えでの育て方　直径24cm以上のできるだけ大きな鉢を用いて育てます。アサガオのような※あんどん仕立てにしたり鉢にオベリスクを立てたりして、立体的に仕立てるのがおすすめです。

鉢土が乾きやすいので、表土が乾いたらたっぷりと水を与えましょう。花芽が着く枝以外はまめに剪定し、コンパクトに仕立てます。株元から枝が出て広がり、根の伸長も旺盛なので、1～2年ごとに新しい用土で植え替えます。

※キウイフルーツ・サルナシ（P.103）参照

サクランボ【桜桃《おうとう》】

ひと回り小さなシナミザクラなら、手軽に家庭でサクランボの風味が味わえる

- バラ科 サクラ属
- 落葉高木
- 栽培難易度 ★★☆
- 結果年齢 約3年

青果店で見かけるサクランボを家庭で収穫するのは大変ですが、中国原産のシナミザクラならほとんど手間いらず。園芸店では暖地桜桃の名でも出回ります。おなじみのサクランボより甘みが淡く小さいものの、たわわに実ります。

栽培データ（シナミザクラ）

適　地	日当たりがよく、保水性と排水性がともによい肥沃な場所
耐寒性	比較的強いが開花期が早く、低温で雌しべが凍死すると結実しない
耐暑性	サクランボの中では強い
耐乾性	普通
耐湿性	弱い
耐陰性	日照は多いほど望ましい
繁　殖	さし木、つぎ木、実生
土　質	中性～弱アルカリ性
授粉樹	1本でも結実しやすい

栽培スケジュール（基準地域：関東南部）

作業項目	1月	2月	3月	4月	5月	6月	7月	8月	9月	10月	11月	12月
植えつけ		●	●									●
剪　定	●	●										●
施　肥	●	●			●	●						●
花芽分化							●	●				
摘蕾・摘果			摘蕾									
花期・熟期			花	花	実	実						
繁　殖		●	●			●	●		実生			

おすすめの品種　「サクランボ」は桜桃《おうとう》の愛称。世界中でさまざまな品種が栽培されており、大きく3つに分類されます。

甘果桜桃《かんかおうとう》（西洋実桜《せいようみざくら》）の仲間　「佐藤錦《さとうにしき》」などの品種でおなじみのいわゆる「サクランボ」。自家不結実性なので異なる品種を植える必要があるほか、実着きをよくするためには低温に遭わせたり剪定や肥培管理を計画的に行ったりと、高い栽培技術が必要。果肉が赤い輸入ものはアメリカンチェリーの名で流通する。

酸果桜桃《さんかおうとう》の仲間　酸味があるのが特徴。自家結実性があり、比較的コンパクトに育つので栽培しやすいが、酸味が強くて生食に向かないためか、あまり出回らない。果実酒や加工食品などに利用されている。

支那実桜《しなみざくら》（唐実桜《からみざくら》、中国桜桃《ちゅうごくおうとう》）の仲間　園芸店では暖地桜桃《だんちおうとう》の名でも流通する。中国原産で、温暖な気候でもよく育ち、1本でも結実する。3月上～中旬にソメイヨシノなどよりひと足早く開花し、4月下旬頃から実が熟しはじめる。シロハナミザクラの別名通り、花は白く、満開になると見事。雄しべが長いのが特徴で、ややウメに似た雰囲気がある。

古くから花を愛でられてきたヤマザクラやソメイヨシノなども実はなりますが、食用に向きません。一方シナミザクラの実は1～1.5cmほどでサクランボの風味が味わえます。難しい管理は不要で、たくさんの実が収穫できるので、家庭で育てるのにおすすめです。鉢植えで育てるのも可能です。本書では、このシナミザクラの育て方について紹介します。

苗木の植えつけ　広さと日当たりが確保できる場所を選んで約直径50cm×深さ50cmの丸い穴を掘り、腐葉土と有機質肥料を混ぜ込みます。苗木に根土がついている場合はそのまま、ついていない場合は折れた根や長すぎる根を切り、バケツに入れた水に漬け、十分に水揚げしてから植えつけます。水はけのよいように、土をやや高めに盛るとよいでしょう。

●サクランボいろいろ

シナミザクラの実は1～1.5cmほど。おなじみのサクランボほどではないが美味。

サクランボの代表品種「佐藤錦」の果実。家庭での栽培は難しい。

ヤマザクラやソメイヨシノなどの実は小粒で硬いうえに苦く、食用には向かない。

整枝・剪定のコツ　太い枝を切ると切り口がふさがるまで時間がかかり、そこから菌が入って腐りはじめることがあります。そこで、大きく育ってからはできるだけ太い枝を剪定せず、自然樹形のままで育てるようにします。枝が直径3cm以内の若木のうちに無駄な枝を切り、日当たりと風通しがよくなるように樹形を整えてやることが、その後の生育のよしあしを左右します。やや太めの枝を切ったときは、切り口に癒合剤を塗っておくとよいでしょう。

　新梢の基部に花芽が着き、翌年開花・結実します。2年枝からも花芽を着けた短果枝が伸びます。落葉後に新梢の先を3分の1～半分ほど切り、短果枝の発生を促すと、収量が増えます。

よい実をならせるコツ　花数が多いと見栄えはしますが、翌年の花や実が少なくなることがあります。花が多すぎる場合は、できれば摘蕾します。

　果実が雨に当たると、裂果しやすい性質があります。樹が若いうちや鉢植え株は、可能なら樹高より高い支柱を立ててビニールをかけてテント状にし、雨避けをしてやるとよいでしょう。また、実が赤く色づくと野鳥に食害されるので、ネットで覆って防ぐのも一つの方法です。

水やりと施肥　地植えの場合は、ほとんど水やりは不要です。鉢植えの場合は、生育期は土が乾いたらたっぷり与えます。

　肥料が多すぎると葉ばかり茂って花や実が少なくなることがあるので、落葉期に有機質肥料を与える程度でよいでしょう。生育が旺盛な株でたくさん収穫したあとは、新葉の展開する5～6月に速効性の化学肥料を追肥します。

収穫のコツ　花が咲いてから40～50日ほどで実が熟します。赤く色づくのを待っているうちに鳥に食べられてしまうこともあるので要注意。

主な病害虫とその防除　コスカシバ、モンクロシャチホコ、イラガやアメリカシロヒトリなどの毛虫類がついたり、収穫期に鳥害に遭ったりします。炭疽病や灰星病などの病気の発生などもあります。見つけ次第、速やかに駆除しましょう。

鉢植えでの育て方　シナミザクラは鉢植えでも育てられます。収穫期は雨の当たらない場所に移動でき、鳥避けネットで覆うのも楽です。鉢はなるべく大きくて深いものを選び、鉢の深さの3倍くらいの樹高になるように整枝しながら育てるとよいでしょう。

熟果

未熟果

花

ジューンベリー

端整な樹姿、純白の花、真っ赤に熟す甘い果実、秋の紅葉と、一年中楽しめる

- バラ科 ザイフリボク属
- 落葉高木
- 栽培難易度 ★★★
- 結果年齢 約2年

6月に実が甘く熟すことから、ジューンベリーの名で呼ばれるアメリカザイフリボク。北アメリカが原産で、日本でも庭木や公園樹としておなじみのシデザクラ(ザイフリボク)の近縁種です。季節ごとの表情が楽しめ、庭やベランダのシンボルツリーとしても人気です。

栽培データ

適　地	日当たりがよく、保水性と排水性がともによい肥沃な場所
耐寒性	強い
耐暑性	普通
耐乾性	普通
耐湿性	普通
耐陰性	半日陰でも育つ
繁　殖	さし木、とり木、実生
土　質	弱酸性
授粉樹	不要

栽培スケジュール(基準地域：関東南部)

作業項目	1月	2月	3月	4月	5月	6月	7月	8月	9月	10月	11月	12月
植えつけ	●	●	●								●	●
剪　定	●	●										●
施　肥		●										
花芽分化							●	●				
摘蕾・摘果												
花期・熟期				花		実						
繁　殖					●	●						

よくある疑問点とその対処

Q 元気に育っていましたが、先端の葉が急に少なくなってしまいました。

A 病害虫の被害が比較的少ない果樹ですが、毛虫類がつくことがあります。毛虫やイモムシは食欲が旺盛で、あっという間に葉を食いつくしてしまいます。株元に害虫の糞が落ちていないかなどをチェックしてみましょう。毛虫類がついた場合は肌を出さない対策をしてから、早急に枝ごと葉を切り落とすことです。とくにイラガは葉の裏側に大量に発生し、幼虫に触れると激しい痛みがあるやっかいな害虫ですから注意しましょう。

おすすめの品種　日本に導入された当初は、実もの庭木として扱われることが主流だったこともあり、品種は多くありませんでしたが、甘くておいしい「スノーフレイクス」や暖地向きの「バレリーナ」などの園芸品種が紹介されています。また、花がやや桃色を帯びる品種や直立性の強い品種、多果性品種、矮性《わいせい》品種なども流通するようになりました。

苗木の植えつけ　適期は落葉期の11～3月頃ですが、真夏以外はいつでも行えます。直径と深さが40～50cmほどの丸い穴を掘り、腐葉土や有機質肥料を混ぜ込んで植えつけます。植えつけたら、たっぷりと水を与えます。

街路樹

株立ち

整枝・剪定のコツ　自然樹形では株元から複数の細い幹が出ますが、太めの主幹を1本伸ばす樹形に仕立てることもできます。放任しても樹形は整いますが、枝が混み合うと日当たりや風通しが悪くなり、古くなった枝は実着きが悪くなります。混み合った部分の枝や勢いの強い徒長枝、三年生以上の古枝は、付け根から切って間引きましょう。1本の主幹に仕立てた場合は、株元から出る枝を地際からすべて取り除きます。

7～8月頃、新梢の先端とその周囲に花芽と葉芽を含んだ混合芽ができ、そこから翌春に枝が伸びて開花・結実します。したがって、冬の剪定で枝先を切ると、花数が少なくなってしまいます。剪定は不要な枝の間引きを中心に行いましょう。

よい実をならせるコツ　ジューンベリーは自家結実性がありますが、筆先などで花の中をそっとかき回して受粉を助けると実着きがよくなります。ただし、あまりたくさん実を着けると樹勢が弱まることがあるので、樹齢や生育状況を見きわめながら行いましょう。

水やりと施肥　地植えの場合は、ひどく乾燥している場合以外は必要ありません。雨水が当たる場所では、晴天の日が続いて土が乾燥しているときに水やりをする程度でよいでしょう。7～8月頃は花芽分化の時期で、水分が多すぎると葉芽が多くなる傾向があります。

肥料は2月頃に寒肥を与えます。

収穫のコツ　十分に色づいたものから順に収穫します。赤い実はやわらかく、生食ではサクランボに似た甘みとほのかな香りが堪能できます。野鳥の好物でもあるので、食害されないようネットで覆うのもよいでしょう。

主な病害虫とその防除　ウドンコ病が発生します。害虫ではイラガなどの毛虫類やカミキリムシ、アブラムシ、カイガラムシなどがつくので、早めに駆除します。

鉢植えでの育て方　本来スラリとした樹形で、剪定してコンパクトに仕立てることもでき、狭い庭やベランダで育てることも可能です。直径30cm以上の鉢に植えて、太めの主幹1本、または細い幹2～3本の樹形に仕立てるとよいでしょう。水やりは、土の表面が乾いたらたっぷりと。とくに夏は水切れに注意しましょう。

おいしい食べ方

ジューンベリーはアントシアニンを多く含み、甘くて生食でもおいしい果樹です。収穫量が少ない場合は日々色づく実を少しずつ収穫してそのまま味わうのもよいのですが、洗って水分を取り、冷凍保存しておくのも一案。必要な量がたまってからジャムなどをつくるのに重宝します。ホワイトリカーと砂糖に漬ければ果実酒に、お酢に漬ければ果実サワーのできあがり。色鮮やかで健康的なドリンクが味わえます。

スモモの実

プルーンの実

スモモ「メスレー」

スモモ【李】・プルーン

完熟してから収穫したスモモの香りと甘さは、家庭果樹ならではのもの

- バラ科 サクラ属
- 落葉高木
- 栽培難易度 ★★☆
- 結果年齢 約3年

スモモは中国・西アジア原産。日本には古くに渡来し、日本スモモと総称されます。コーカサス地方原産のプルーンはドライフルーツなどに使われる西洋スモモの一種です。耐寒性と耐暑性が強く、日本全国で育てられます。

栽培データ

適　地	日当たりがよく、保水性と排水性がともによい、肥沃な場所
耐寒性	強い
耐暑性	強い
耐乾性	強いが、結実後に土壌を乾燥させると、果実の品質が落ちる
耐湿性	弱い。過湿を嫌う
耐陰性	弱い。日当たりを好む
繁　殖	つぎ木が一般的
土　質	弱酸性
授粉樹	日本スモモの多くの品種で、相性のよい授粉樹が必要になる

栽培スケジュール（基準地域：関東南部）

作業項目	1月	2月	3月	4月	5月	6月	7月	8月	9月	10月	11月	12月
植えつけ	●	●	●									●
剪　定	●	●	●									●
施　肥	●								●			●
花芽分化							●	●				
摘蕾・摘果					摘果	摘果						
花期・熟期				花			実	実	実			
繁　殖		つぎ木	つぎ木			つぎ木	つぎ木					

おすすめの品種　名前は「酸桃」ですが現在の品種は甘いものが多く、生食向きです。ただし、栽培するうえでは、一部の品種を除く日本スモモに同じ品種どうしでは受精・結実しない自家不和合性の性質があり、他品種や近縁のアンズ・ウメ・モモの花粉で受精させる必要があります。一方でプルーンは、多くの品種が自家受粉します。栽培できるスペースに余裕がない場合は、自家受粉する品種がおすすめです。

なお、スモモの品種間にも相性があり、「ソルダム×メスレー」「ビューティー×メスレー」「メスレー×大石早生《おおいしわせ》」などは相性が悪いようです。

日本スモモの主な品種

大石早生	結実には授粉樹が必要。早生種
サンタローザ	１本でも結実しやすい。大実がなる
ソルダム	結実には授粉樹が必要。実なりがよい
ビューティー	１本でも結実しやすい。
メスレー	１本でも結実しやすい。実なりがよい

プルーンの主な品種

サンプルーン	１本でも結実しやすい。実なりがよい
ジャイアント	１本でも結実しやすい。晩生種
シュガープルーン	１本でも結実しやすい。甘みが強い
スタンレイ	１本でも結実。授粉樹があるとよい

苗木の植えつけ　12～3月が適期です。約直径50cm×深さ50cmの丸い穴を掘り、掘り上げた土に腐葉土を混ぜ込みます。混ぜ込んだ土の半分に土2、油かす1、発酵牛糞1の割合で加えてよく混ぜ、掘った穴に戻します。苗木を根土ごと穴に入れて残りの土を戻し、たっぷりと水をやります。過湿を嫌うので、やや浅めに植えつけ、水はけをよくしましょう。

整枝・剪定のコツ　苗木を植えつけたら、地表から50～60cmのところで切ります。新梢が発生するので、そのうちの2～3本を主枝として伸ばします。伸びた新梢を3分の1ほど切り、枝分かれを増やしていきます。混み合った部分や枯れ枝は付け根から取り除きましょう。この作業を毎年行って樹形を整え、適当な高さまで生長したら、主幹を切ります。主幹を低い位置で止めて、2～3本の主枝を伸ばした樹形に仕立ててもよいでしょう。

樹形が整ったあとは混み合った部分や枯れ枝、徒長枝を取り除きます。また、長く伸びた新梢の先を3分の1ほど切り、花芽が着く短果枝の発生を促します。よく着果するのは二年生枝です。古い枝は更新のため、付け根から切ります。12～3月の落葉期が剪定の適期です。

●苗木の植えつけ

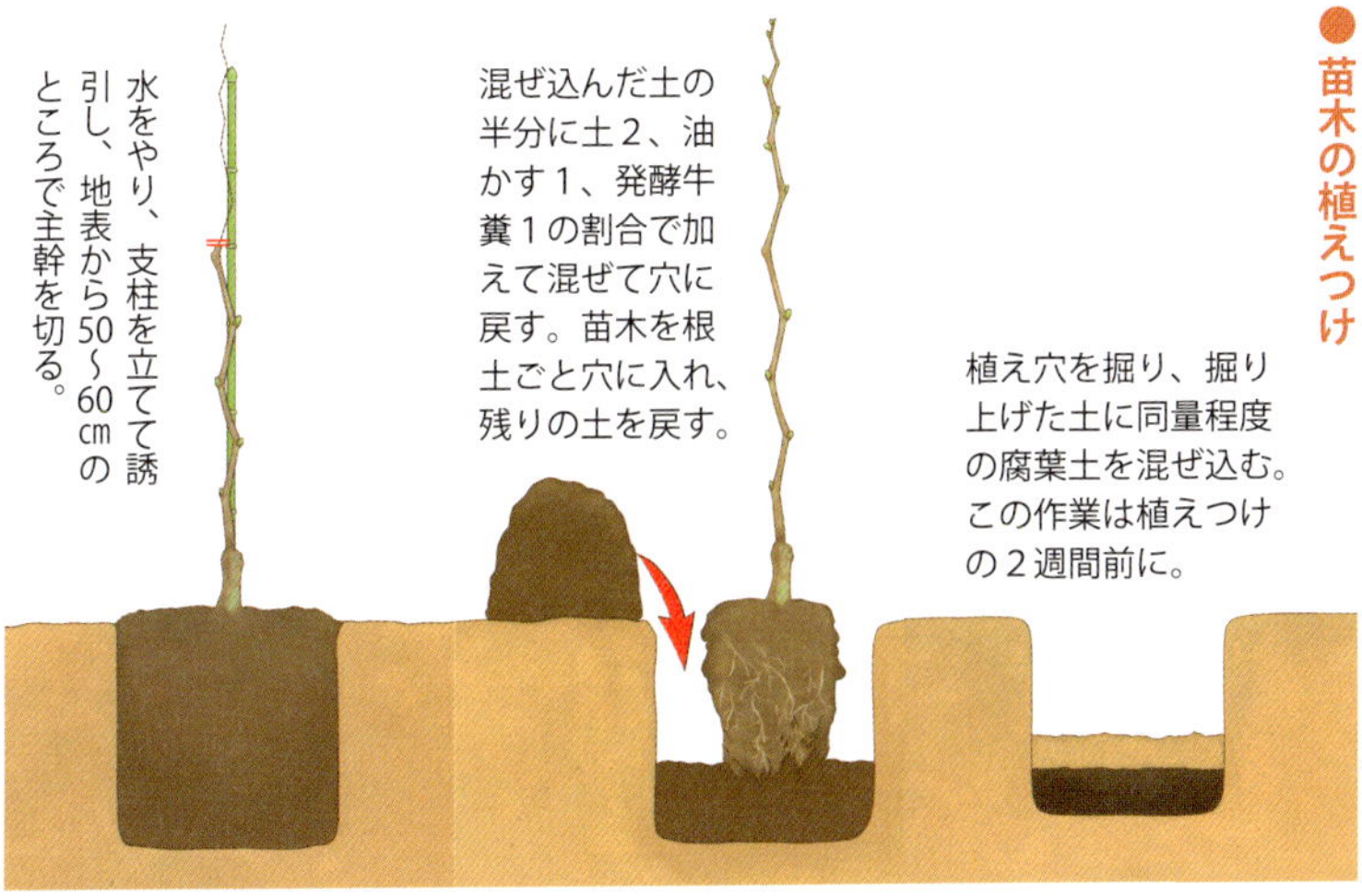
植え穴を掘り、掘り上げた土に同量程度の腐葉土を混ぜ込む。この作業は植えつけの2週間前に。
混ぜ込んだ土の半分に土2、油かす1、発酵牛糞1の割合で加えて混ぜて穴に戻す。苗木を根土ごと穴に入れ、残りの土を戻す。
水をやり、支柱を立てて誘引し、地表から50～60cmのところで主幹を切る。

●樹形づくり①主幹形

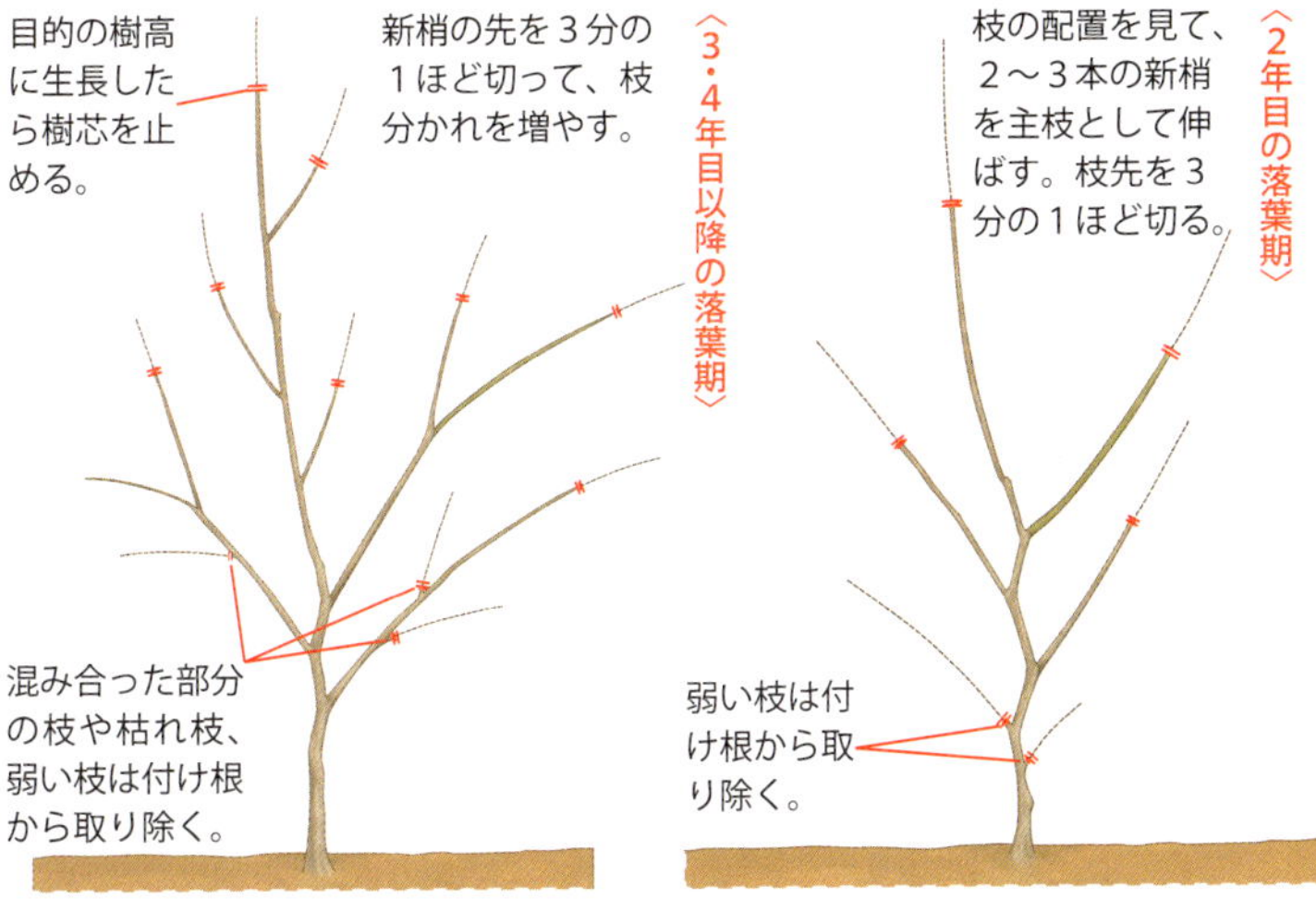
〈2年目の落葉期〉
枝の配置を見て、2～3本の新梢を主枝として伸ばす。枝先を3分の1ほど切る。
弱い枝は付け根から取り除く。
〈3・4年目以降の落葉期〉
新梢の先を3分の1ほど切って、枝分かれを増やす。
目的の樹高に生長したら樹芯を止める。
混み合った部分の枝や枯れ枝、弱い枝は付け根から取り除く。

●樹形づくり②開心自然形

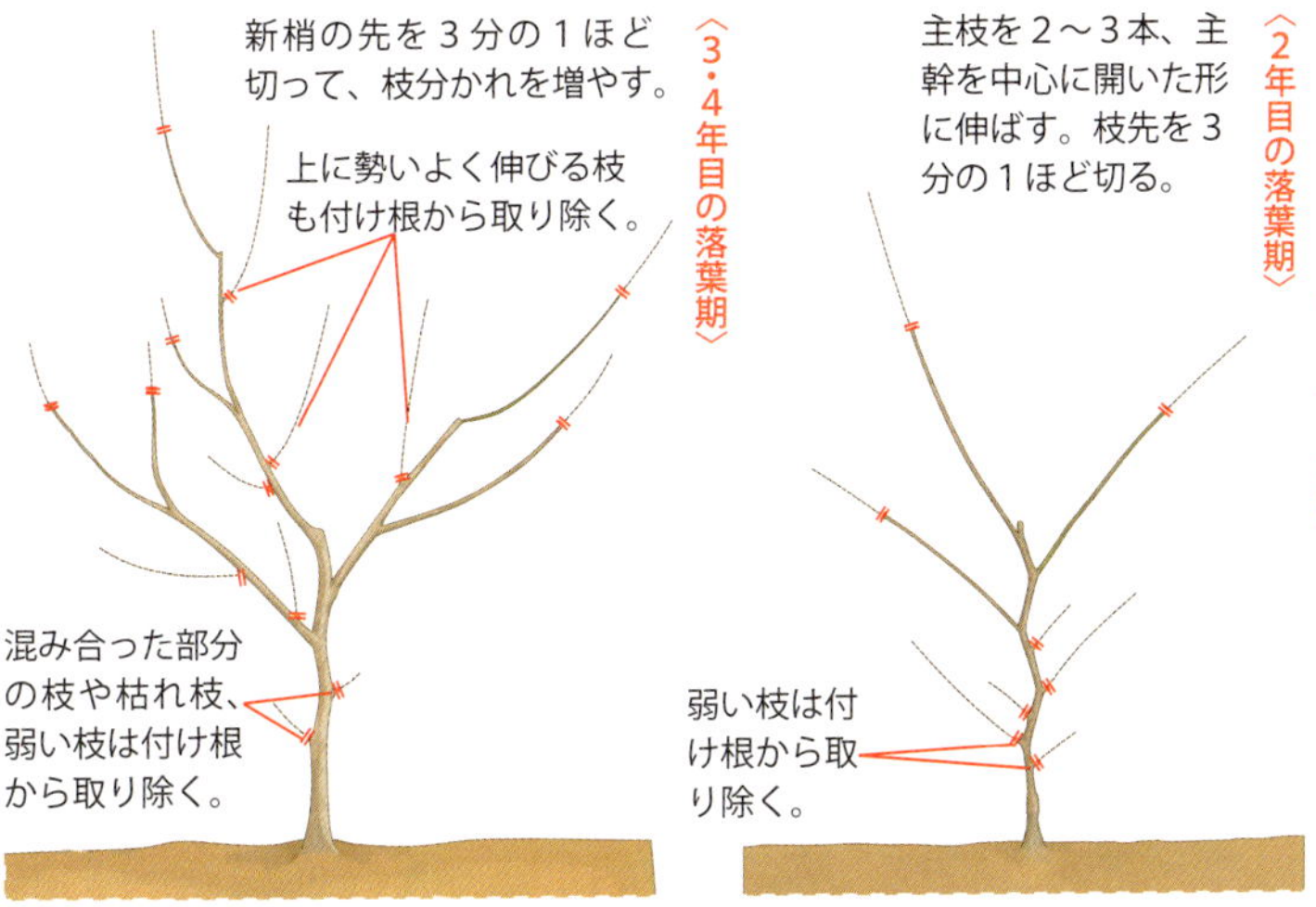
〈2年目の落葉期〉
主枝を2～3本、主幹を中心に開いた形に伸ばす。枝先を3分の1ほど切る。
弱い枝は付け根から取り除く。
〈3・4年目の落葉期〉
新梢の先を3分の1ほど切って、枝分かれを増やす。
上に勢いよく伸びる枝も付け根から取り除く。
混み合った部分の枝や枯れ枝、弱い枝は付け根から取り除く。

●落葉期の剪定（プルーン）

剪定前

２～３年放置していたら、このように樹姿が暴れる。

1

果重で折れることがあるので、長枝は半分ほど切る。

2

日陰をつくる立ち枝を切る。太い場合はのこぎりで。

剪定後

これで、樹冠内部まで日光が届くようになった。

3

樹冠内部のようす。日陰になって枯れた枝などを切った。

●開花・結実のようす（プルーン）

1 4月10日

花芽（つぼみ）と葉芽の着き方。花芽は短果枝に着く。

2 4月10日

ごく短い短果枝から複数のつぼみが出る。

６月中旬、開花から２か月頃の樹姿。

3 4月14日

開花した様子。

4 5月16日

開花から１か月。実の数が多すぎる場合は摘果する。

5 6月15日

開花から２か月の未熟果。

6 8月14日

開花から4か月。完熟した果実から収穫していく。

よい実をならせるコツ　相性のよい他品種を一緒に植えて昆虫に受粉させるか、人工授粉を行います。

果実が親指大になったら、傷がついたものや生長の悪いものから摘果します。2週間に1回行って、最終的に長い枝には3～4果、短い枝には1果残します。

水やりと施肥　過湿を嫌います。普通は水やりの必要はありませんが、夏場に乾燥が続く場合は与えます。また、果実の生長期に土壌の乾燥が続くと、果実の品質が落ちるので注意しましょう。肥料は、12～1月に配合肥料を、9月にお礼肥として化成肥料を与えます。

収穫のコツ　スモモは7月中旬～8月頃が、プルーンは9月頃が収穫期です。十分に色づいて果肉がややわらかくなってきたものから収穫します。スモモは酸味が強いイメージがありますが、完熟してから収穫すれば酸味が和らぎ、甘さと香りが楽しめます。プルーンはドライだけでなく、生でもおいしく食べられます。

主な病害虫とその防除　病気では黒星病《くろほし》や黒斑病《こくはん》、灰星病《はいほし》、ふくろみ病などが、害虫ではアブラムシやカイガラムシ、カメムシ、ケムシ類、シンクイムシなどが発生します。病気にかかった葉や果実を処分し、園芸店などで相談して適応する薬剤で駆除します。害虫も、見つけ次第補殺するか薬剤で駆除します。

鉢植えでの育て方　スモモもプルーンも、花に霜が降りると結実しません。花が咲く4月頃に晩霜がある地域では、鉢植えで栽培したほうがよいでしょう。

大きめの鉢に赤玉土6、川砂2、腐葉土2の配合土を入れてたっぷりと水を含ませ、苗木を浅く植えつけます。苗木の根がポット内で詰まっていた場合は古土を落とし、根を3分の1ほど切り詰めて植えつけます。

植えつけたら鉢と同じ高さで主幹を切り、庭植えと同じ要領で樹形を整えていきます。鉢の高さの3倍程度に生長したら、主幹を切って樹高を抑えましょう。水やりは、土の表面が乾いたらたっぷりと。肥料は、2月と9月に固形肥料を与えます。

● 人工授粉のしかた

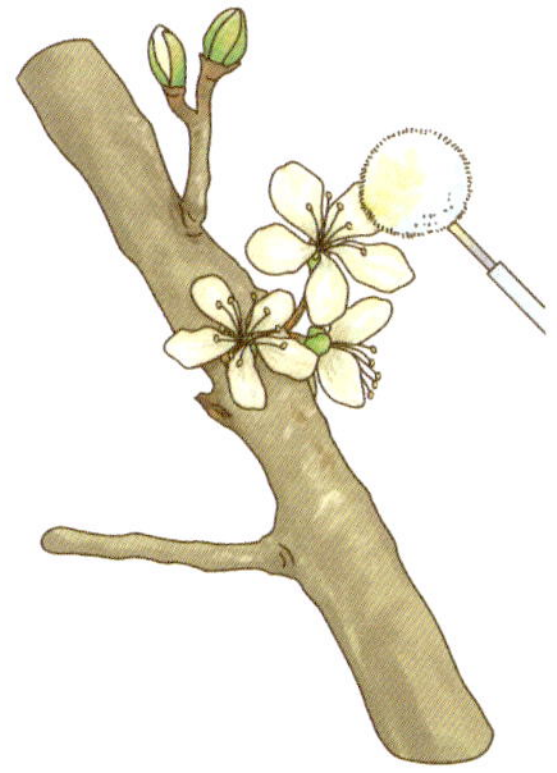

相性のよい他品種から花粉を採り、雌しべにつける。

● 鉢植えでの樹形づくり

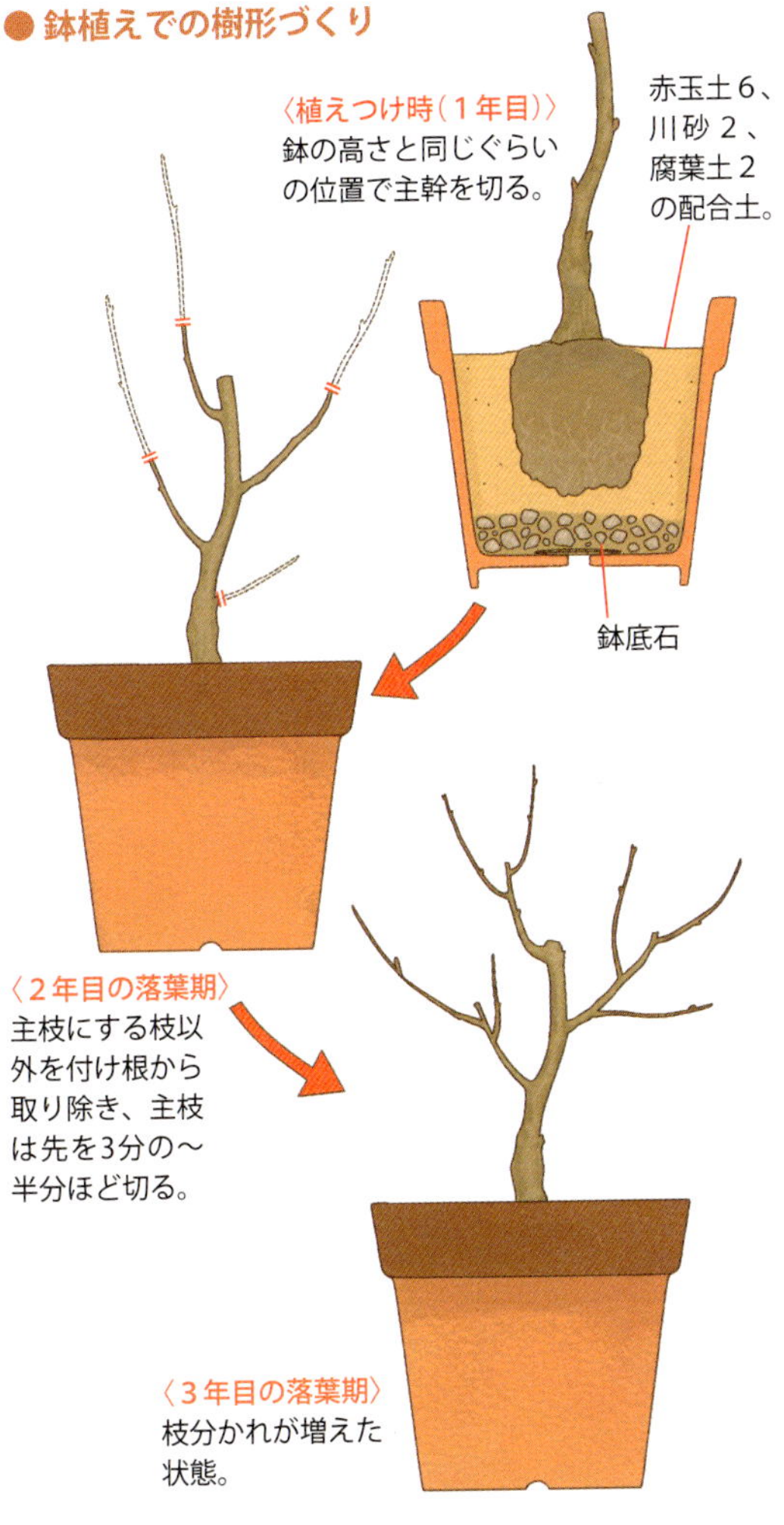
〈植えつけ時（1年目）〉
鉢の高さと同じぐらいの位置で主幹を切る。
赤玉土6、川砂2、腐葉土2の配合土。
鉢底石
〈2年目の落葉期〉
主枝にする枝以外を付け根から取り除き、主枝は先を3分の～半分ほど切る。
〈3年目の落葉期〉
枝分かれが増えた状態。

つぼみ

花

実

ビワ【枇杷】

初夏の香りを運ぶ卵形の果実が楽しい。庭の一画に日陰をつくる憩いの果樹

- バラ科 ビワ属
- 常緑高木
- 栽培難易度 ★☆☆
- 結果年齢 約5年

日本・中国原産とされていますが、現在、家庭果樹として楽しまれているのは、170年ほど前に中国から渡来したものを品種改良した「茂木」「田中」の2品種が主流です。野生種よりも果実がはるかに大きく、親しみやすい甘さです。

栽培データ

適地	年間平均気温16～20℃を保つ、温暖で肥沃な場所
耐寒性	－3℃程度まで耐える
耐暑性	30～35℃の高温にも耐える
耐乾性	強い。冬の乾燥期にも弱ることなく、開花・結実する

耐湿性	過湿に比較的弱い
耐陰性	日陰地では樹勢が衰えてくる
繁殖	つぎ木、実生
土質	弱酸性
授粉樹	不要

栽培スケジュール（基準地域：関東南部）

作業項目	1月	2月	3月	4月	5月	6月	7月	8月	9月	10月	11月	12月
植えつけ		●										
剪定									●			
施肥			●				●		●			
花芽分化							●	●				
摘蕾・摘果			摘果								●	●
花期・熟期						実					花	花
繁殖				つぎ木		実生						

よくある疑問点とその対処

Q 春に1mほどの苗木を日当たりのよい庭の一画に植えたのですが、根づかず徐々に生気を失い、結局枯れてしまいました。

A 根が傷んだのでしょう。植えつけは根が受けるストレスの少ない2月頃の休眠期に。実を食べたあとの種をまいて台木を育て、好みの品種をつぎ木するのも一案です。

おすすめの品種　早生《わせ》で樹勢が強い「茂木《もぎ》」、果実が大きい「田中《たなか》」が代表品種です。この2品種の交配種「津雲《つくも》」や大実の「長崎《ながさき》」などもよいでしょう。

苗木の植えつけ　なるべく日当たりのよい場所を選び、約直径50cm×深さ50cmの丸い穴を掘り、掘り上げた土に腐葉土を混ぜ込みます。混ぜ込んだ土の半分に土2、油かす1、発酵牛糞1の割合で加え、穴に戻して苗木を植えつけます。残りの土を戻し、たっぷりと水をやります。

植えつける時期は新芽が動き出す前の2月下旬が適期です。北風が当たらない場所を選び、葉面からの蒸散を防ぐために苗木の葉を半分ぐらいに切ります。しっかりと根づくまでは水を与え、乾燥させないように注意しましょう。

整枝・剪定のコツ　若木のうちは主幹が

直立しますが、成木になるにしたがって枝が開いてきます。あまり樹形にこだわらず、摘果や収穫がしやすい形にするとよいでしょう。

樹冠内部まで日光が当たるようにすることが大切なので、生長してきたら、9月上～中旬頃にとくに混み合った部分や枯れ枝を間引きます。なお、2～3年ほど結果した枝は9月下旬に剪定しますが、その際、更新用に枝元の小枝を残します。

●花数と摘果

1つの花序に70～80花咲く。

花房1つ当たり1～2果にする。

よい実をならせるコツ　花芽は枝先と2～3番目の芽が伸びて、早く生長を停止した枝の先端に着きます。また、5月下旬～7月に発生する夏枝にも花芽が分化し、11～12月に開花・結実します。

花芽分化の時期より遅い9～10月に発生する秋枝には、翌年以降に花芽が着くので、剪定しないでおきます。

ビワは花房がいくつかかたまって70～80花ほど咲き、かなりの数が結実します。そのまま放置しておくと果実が肥大しないので、1花房に2～3果となるように摘果します。

樹高によってはかなりの手間になりますが、3月下旬～4月頃、鳥や虫による食害を防ぐために袋がけを行うとよいでしょう。病虫害を受けていないかどうか、1果房ずつ確認しながら行います。

水やりと施肥　水やりはとくに行う必要はありませんが、夏場に乾燥が続く場合は与えましょう。

肥料は、3月上旬、7月上旬、9月上～下旬の3回、株周りに浅い溝を掘り、化成肥料を施します。

収穫のコツ　果皮が黄色く色づいたものから収穫していきます。適熟期を過ぎても枝に着けておくと、果皮が硬く、味も悪くなるので注意しましょう。貯蔵したい場合はビニール袋に入れ、冷蔵庫で保存します。ただし、鮮度が落ちると種の周囲から腐敗してくるので、長期間の保存はできません。

主な病害虫とその防除　病気では、癌腫《がんしゅ》病が発生します。7～9月に枝や幹に不定型で黄褐色の斑点ができ、次第に黒くなって樹皮が剥《は》がれます。症状が出たらその部分を削り、薬剤を塗布します。

害虫では、フジツボカイガラムシと排泄物によるすす病が発生することがあります。早めにつぶすかブラシでこすり落として駆除します。

鉢植えでの育て方　つぎ目の目立たないつぎ木苗を選びます。通気性がよい直径24～30cmの鉢に赤玉土6、腐葉土2、川砂2の配合土を入れ、苗木を植えつけます。たっぷりと水をやり、暖かく日当たりのよい場所で育てましょう。葉が大きく蒸散量が多いので、土の表面が乾いてきたら午前中にたっぷりと水を与えます。肥料は、3月、7月、9月に固形肥料を施します。

なお、鉢植えの場合は、下枝を落として主幹を伸ばし、上部に枝葉を球形に茂らせると、見た目も楽しいものです。

ユスラウメ

ユスラウメ（白実種）

ニワウメ

ユスラウメ・ニワウメ【山桜桃・庭梅】

庭木として古くからおなじみ。初心者でも育てやすい小果樹

春には白～淡紅色の可憐な花をいっぱいに咲かせ、初夏には小さな愛らしい実がたわわに実ります。サクランボのような透明感のある果実は甘酸っぱく、生食のほか、果実酒やジャムなどに。日当たりさえよければ放任しても育ちます。

- バラ科 サクラ属
- 落葉低木
- 栽培難易度 ★☆☆
- 結果年齢 約2年

栽培データ

適　地	日当たりがよく、保水性と排水性がともによい肥沃な場所
耐寒性	強い
耐暑性	強い
耐乾性	強い
耐湿性	多湿にやや弱く、常にジメジメした排水の悪い環境を嫌う
耐陰性	日当たりが悪いと花や実が着きにくい
繁　殖	さし木、とり木、実生
土　質	とくに選ばない
授粉樹	不要

栽培スケジュール（基準地域：関東南部）

作業項目	1月	2月	3月	4月	5月	6月	7月	8月	9月	10月	11月	12月
植えつけ		●	●	●							●	●
剪　定	●	●									●	●
施　肥	●											●
花芽分化							●	●				
摘蕾・摘果					摘果⇦豊作の年							
花期・熟期			花	花		実						
繁　殖				●	●	●	●		実生			

よくある疑問点とその対処

Q 植えて数年は元気がよかったのですが、このごろ枝の伸びが悪くなってきました。

A ユスラウメは低木ですから、生長してもあまり大きくなりません。植えつけてすぐの幼苗のうちは新梢がどんどん勢いよく伸びますが、成木になると樹勢が落ち着いてきます。栽培している木が元気なら心配なく、順調に育って成木に近づいた証といえるでしょう。

おすすめの品種　古くから、花と実を楽しめる庭木として親しまれています。ユスラウメとニワウメは同じユスラウメ亜属で似ていることから、ユスラウメが庭ウメの名で呼ばれることもあったようです。ユスラウメには赤実種と白実種があり、白実種にはギンユスラ、シロミノユスラウメの名もあります。白実種は赤実種よりやや大きくなりますが、収量は少ない傾向があります。また「サヤゴールド」などの黄金葉の品種もあります。毛桜桃の名の通り、ユスラウメには葉や花の子房、果実に毛があり、樹高2～3mに生長します。一方ニワウメは葉裏に多少毛がある程度で、樹高も2mほどです。

苗木の植えつけ　適期は11月下旬～12月と2～3月上旬頃ですが、晩霜のある寒冷地では4月に入ってから植えつけるとよいでしょう。約直径50cm×深さ50cmの丸い穴を掘り、腐葉土や有機質肥料を混ぜ込んで植えつけます。植えつけ後はたっぷりと水を与え、地表から50〜60cmのところで幹を切り、支柱に誘引します。

整枝・剪定のコツ　成木になれば剪定はあまり必要なくなりますが、若木のうちは樹勢が強く、徒長枝をたくさん伸ばします。そのままでも実を着けますが、樹姿が雑然とした印象になり、次第に樹冠内部の日当たりや風通しが悪くなって実着きが悪くなったり、枝枯れを起こしたりしやすくなります。混み合った部分や主枝から出て真上に伸びる徒長枝は、付け根から取り除きましょう。また、株元から出る枝は見つけ次第、早めに地際から切り取ります。

　花は、前年に伸びた短果枝に着きますが、長果枝にも着きます。実着きをよくするには、長く伸びた枝の先端を切り、短果枝の発生を促すことがコツです。

　自然樹形でもまとまりますが、コンパクトに整えたいときは、植えつけた翌年の冬には主幹から出る枝を日当たりよく配置するように3本残して主枝に仕立て、その他の枝を切り取ります。

　ニワウメは地際から多数の枝が伸びた樹形になります。太い枝が混み合うと、それぞれの枝の日当たりが悪くなるうえに剪定もやっかいです。毎年、落葉したら早めに樹形を整えておきしょう。

よい実をならせるコツ　ユスラウメもニワウメも1本で実がなるので、人工授粉を行う必要はありません。ただし、たくさん実がなると翌年に少なくなる隔年結果の傾向があります。豊作の年は、5月上旬頃に少し摘果をするとよいでしょう。

水やりと施肥　地植えの場合はとくに不要です。鉢植えの場合は用土が乾いたらたっぷりと与えましょう。収穫後はやや控えめにすると、新梢が伸びすぎるのを防ぎ、花芽が着きやすくなります。

　肥料は多く必要としません。落葉後の12〜1月に、寒肥として緩効性の混合肥料や有機質肥料を施します。

収穫のコツ　赤く熟したものから収穫します。日を追うごとに赤く色づいて甘みが強くなりますが、あまり日をおくとサクランボのような透明感とツヤのある果皮にハリがなくなってきます。鳥害にも遭いやすくなるので、早めに収穫するのがおすすめです。

主な病害虫とその防除　ほとんど心配ありませんが、ウドンコ病などが発生したり、カイガラムシ、アブラムシ、毛虫類の被害に遭うこともあります。葉が縮れたり変色したり、株元に糞が落ちていないかなど、日頃からチェックしましょう。また、ふくろみ病の被害が出るので、春の萌芽前に薬剤を散布して予防します。

鉢植えでの育て方　地植えの場合と同様に、若いうちは伸びすぎた枝を整理しながら育てましょう。ただし、コンパクトにしすぎると、細い枝ばかりになって実が着きにくくなるので、メリハリのある剪定を心がけることです。

ニワウメは日当たりさえよければ、小さなうちから実の収穫が楽しめる。株立ちに育つので、狭い場所では剪定してコンパクトに保つ。

ユスラウメは花と実が楽しめる庭木として、古くから親しまれる。幼木のうちにまめに整枝して樹形を整えれば、ほとんど手がかからないのも魅力。

リンゴ【林檎】

初心者は、手間があまりかからない「アルプスオトメ」などがおすすめ

- バラ科 リンゴ属
- 落葉高木
- 栽培難易度 ★★★
- 結果年齢 約3年

花

未熟果

中央アジア～西アジアの冷涼な地方が原産。栽培適地の年間平均気温が6～14℃程度と低く、また、落葉・休眠後に一定期間、低温にさらさないと休眠から覚めないので、九州南部など一年中温暖な地域での栽培は難しいでしょう。

栽培データ

適　地	日当たりがよく、西日の当らない、保水性と排水性がよい肥沃な場所
耐寒性	強い。−30℃以下でも耐えられる
耐暑性	冷涼な気候を好む
耐乾性	弱い

耐湿性	普通
耐陰性	弱い
繁　殖	つぎ木
土　質	弱酸性
授粉樹	必要。ほとんどの品種は自家受粉しないので、相性のよい授粉樹を一緒に育てる

栽培スケジュール（基準地域：関東南部）

作業項目	1月	2月	3月	4月	5月	6月	7月	8月	9月	10月	11月	12月
植えつけ	●	●	●								●	●
剪　定	●	●	●		●	●						
施　肥	●	●								●		
花芽分化							●	●				
摘蕾・摘果					摘果	摘果						
花期・熟期				花	花				実	実	実	
繁　殖	つぎ木	つぎ木	つぎ木			つぎ木	つぎ木	つぎ木	つぎ木			

おすすめの品種　おなじみの「王林」や「紅玉」「ふじ」「つがる」なども庭植えで育てられますが、ほとんどの品種が同じ品種どうしでは結実しない「自家不和合性」で、2品種以上を一緒に栽培する必要があります。また、品種間で相性のよしあしがあり、花期が一致する必要もあります。

秋に気温が高いと果皮の色づきが悪いため、暖地では、熟す時期が遅い晩生種《ばんせいしゅ》のふじや王林が向いています。

ヒメリンゴ

バレリーナツリー〈ワルツ〉

クラブアップル〈プロフュージョン〉

クラブアップル〈ゴージャス〉

苗木の植えつけ 矮性《わいせい》台木についだ苗木であれば、樹高を低く抑えられます。

日当たりがよく、西日を避けられる場所に、約直径50㎝×深さ50㎝の丸い穴を掘り、掘り上げた土に腐葉土を混ぜ込みます。混ぜ込んだ土の半分に土2、油かす1、発酵牛糞1の割合で加えてよく混ぜ、掘った穴に戻します。苗木を根土ごと穴に入れて残りの土を戻し、たっぷりと水をやります。植えつけ後はわらなどを敷いて、乾燥から保護しましょう。

植えつけ時期は、11～3月が適期です。

整枝・剪定のコツ 苗木を植えつけたら、地表から70～80㎝のところで切ります。2年目は主幹の新梢の先を3分の1ほど切ります。3年目は主幹の新梢を同様に切り、1年枝と2年枝の先端を切ることで枝分かれをつくります。矮性台木であれば、4年目あたりに樹高2・5～3ｍ程度で止まります。剪定痕から病原体が侵入することがあるので、剪定したら必ず癒合剤《ゆごうざい》を塗布しましょう。

苗木を植えつけて3～4年目で、開花・結実しはじめます。花芽は夏、2年枝の頂部、3年枝に着いた短果枝（2年枝）の先端にできて、翌春に開花します。リンゴは短果枝に花芽が着きやすいので、長い枝を切って、短果枝の発生を促しましょう。徒長枝や枯れ枝、混み合った部分の枝は付け根から取り除きます。

整枝・剪定の時期は、落葉期の1～3月が適期です。春から初夏にかけて、樹勢の強い木は枝葉が混み合い、樹冠の内部に日光が当たらなくなります。その場合は5～6月頃、勢いよく伸びた徒長枝や混み合った部分の枝を付け根から間引きましょう。

アルプスオトメやハナリンゴ（クラブアップル）は、枝が横に広がりません。短果枝の発生を促すよう、長い枝を切る程度でよいでしょう。

●主な品種

王《おう》 林《りん》	果皮が黄緑色で斑点がある。果汁が豊富で、果肉がやわらかい。甘みが強く、独特の香りがある
紅《こう》 玉《ぎょく》	果汁が豊富で、酸味が強い。菓子やジャムなどの加工用に最適
シナノゴールド	果皮が黄色で斑点がある。果汁が豊富で、甘みと酸味のバランスがよい
ジョナゴールド	果汁が豊富。酸味がやや強いので、生食にも菓子などの加工にも向く
ふ じ	果肉が硬く、日持ちがよい。甘みと酸味のバランスがよい
つがる	果汁が豊富で、甘みが強い。寒冷地での栽培に向いている
秋《あき》 映《ばえ》	果皮が濃い紅色で独特。甘みと酸味のバランスがよく、味が濃厚
陽《よう》 光《こう》	果肉が硬く、日持ちがよい。甘みと酸味のバランスがよい
アルプスオトメ	長野県で作られたミニサイズのリンゴ。自家結実するがほかのリンゴやハナカイドウから授粉するとなおよい。果実もおいしく、家庭果樹向き
バレリーナツリー	花が美しい園芸品種群。ポルカ、ボレロ、メイポール、ワルツの4品種がある。「メイポール」は生食には向かないが、ほかの多くのリンゴの授粉樹になる。ほかの3品種は生食可
ヒメリンゴ	別名ミカイドウ。果実には渋みがあり、おいしくないが、リンゴの授粉樹になる
ハナリンゴ	クラブアップルとも呼ばれる観賞用の品種群。花色は白～赤。果実は品種により1～3㎝程度。実を生食できる品種もある。リンゴの授粉樹になる

よい実をならせるコツ　開花したら相性のよい授粉樹から花粉を採り、人工授粉します。リンゴは5～6花が房状に咲き、中心の花が生育しやすいので、中心花は必ず受精させましょう。

果実が親指大に生長したら、中心果を残して摘果します。中心果が傷んでいる場合は、生長のよいものを選んで残しましょう。葉が落ちてしまった短果枝の果実も、それ以上生長しないので摘果します。「生理落果」が終わり、ゴルフボール大に生長したら、もう一度摘果します。1つずつ果実を観察し、スレや傷のあるものから摘果していきます。残す目安は、果実が大玉になる品種は短果枝4～5本に1果、中玉になる品種は短果枝3本に1果程度です。

2回目の摘果後に袋がけをしておくと、ウドンコ病やカメムシ、シンクイムシなどを防ぐことができます。袋はホームセンターなどで入手できます。

本文で紹介した仕立て方（樹形は次ページの写真参照）のほか、主幹から側枝を水平方向に伸ばした樹形（左）や主幹を短く切って主枝を数本伸ばした樹形（右）でもよい。

水やりと施肥　乾燥と過湿を嫌います。生育期は、土の表面が乾いたら水やりをします。夏場はワラなどを敷いて、乾燥から保護しましょう。

肥料は、1～2月（寒冷地では3月）に有機質肥料を、収穫後の10月に化成肥料を与えます。

収穫のコツ　収穫期は、早生種《そうせいしゅ》のつがるは9月頃、晩生種のふじは11月頃です。袋がけをしている場合は、収穫の1か月前に袋を破り、2～3日おいて袋を外し、日光に当てて着色させます。色づいた果実から収穫していきましょう。

主な病害虫とその防除　リンゴは、病害虫の多い果樹です。無農薬栽培は難しいでしょう。病気は、ウドンコ病や黒星《くろほし》病、斑点落葉《はんてんらくよう》病、腐らん病などが発生します。害虫は、アブラムシやカイガラムシ、カミキリムシ、カメムシ、ハダニ、カメムシ、シンクイムシなどのガの幼虫（葉や果実を食害）が発生します。目につく害虫は補殺し、その他は園芸店に症状を伝えて適応する薬剤で駆除してください。

また、アブラムシやハダニは卵の状態で越冬します。まとまった状態で産みつけられるので、冬の間に薬剤などで駆除すると効果的です。

鉢植えでの育て方　直径24～30㎝の鉢に赤玉土6、腐葉土2、川砂2の配合土を入れて水をたっぷりと含ませ、根土のまま植えつけます。植えつけ後も水をたっぷりと。日当たりがよい場所で育てますが、西日が当たる場所は避けましょう。

植えつけたら鉢と同じ高さで幹を切り、庭植えと同じ要領で樹形を整えていきます。結実するようになったら、収穫期前は数日に一度、鉢を回して日光がむらなく当たるようにすると、果皮が美しく色づきます。

水やりは、土の表面が乾いたらたっぷりと。落葉後は、土が完全に乾燥しない程度に控えましょう。肥料は、4月、6月、9月に固形肥料を与えます。

●冬の剪定

剪定前

すでに樹形が整っている成木なので、落葉期の剪定は、混み合う部分などの不要な枝を間引くことと、伸びた新梢の先を切って、開花・結実する短果枝を出させることを目的に行う。

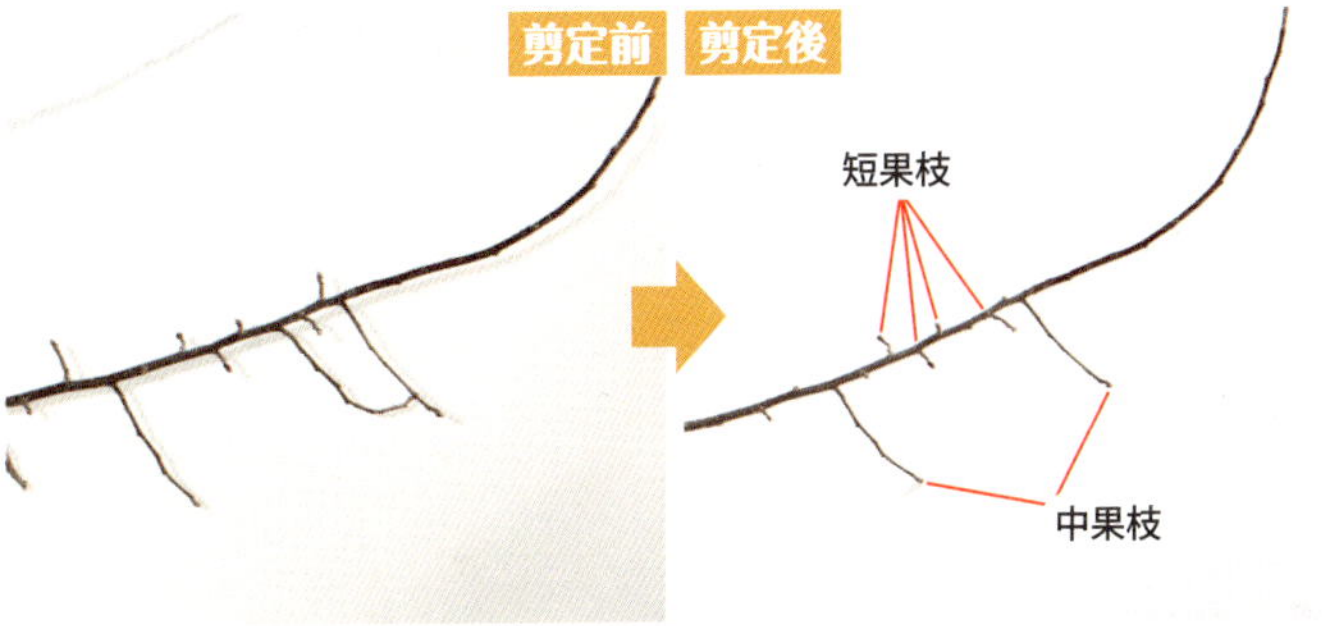
剪定前
剪定後
短果枝
中果枝

３年枝から発生した短果枝と中果枝。混み合う場合は枝葉の重なりを想定して間引く。短果枝は下向きのものでも、一応残しておく。

このような立ち枝は、付け根から取り除く。ハサミで切れない場合は、のこぎりで切る。

リンゴは癒合が早いほうだが、剪定後は癒合剤を塗っておくこと。

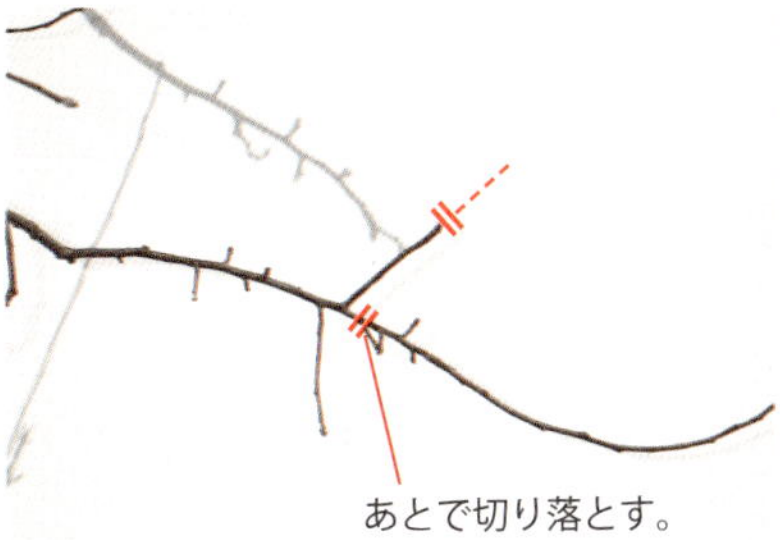
あとで切り落とす。

湾曲して下垂した枝は、途中から出る上向きの枝の先を３分の１ほど切って伸ばし、そこが伸びたら、下向きの部分を切り落とす。

主幹から伸びる強い枝を付け根から取り除く。幹を覆うカバーはシカによる食害防止用。

剪定後

リンゴはたった１年で結構伸びるが、樹勢が強すぎると、今度は果実が着かなくなる。剪定はこのように、大胆に（丸裸の印象を受けるぐらいに）行ってよい。

トゲナシグリ

利平の熟果

雄花

クリ【栗】

古くから貴重な食料として利用されてきた果樹。低樹高に抑えて栽培したい

- ブナ科 クリ属
- 落葉高木
- 栽培難易度 ★★☆
- 結果年齢 約3年

クリの仲間は北半球に広く分布。日本にもニホングリが自生し、古代には主食として、また、材質が堅牢なため、大きな建築物の柱などに利用されてきました。20mを超すほどの高木になりますが、計画的な整枝・剪定で低樹高栽培も可能です。

栽培データ

適 地	日当たりがよく、排水性と保水性がともによい、土層の深い場所。肥沃な土壌を好む
耐寒性	強い。北海道南部以南
耐暑性	普通。九州南部まで
耐乾性	普通
耐湿性	普通
耐陰性	弱い。樹冠内部には結果しない
繁 殖	つぎ木、実生
土 質	酸性
授粉樹	自家不和合性が強いので、2品種以上と一緒に育てる

栽培スケジュール（基準地域：関東南部）

作業項目	1月	2月	3月	4月	5月	6月	7月	8月	9月	10月	11月	12月
植えつけ		●	●								●	●
剪 定	●	●										
施 肥	●	●								●		●
花芽分化							●					
摘蕾・摘果												
花期・熟期						花			実	実		
繁 殖						つぎ木	つぎ木	つぎ木	実生	実生		

おすすめの品種　欧米や中国産でおいしい品種もありますが、クリタマバチなどの病害虫に弱く、栽培はニホングリが適しています。ニホングリには早生種《そうせいしゅ》、中《ちゅう》生種《せいしゅ》、晩生種《ばんせいしゅ》があり、自家受粉しないので熟期の合う2品種以上を一緒に育てる必要があります。

早生種（熟期：9月上～中旬）
「伊吹《いぶき》」「国見《くにみ》」「丹沢《たんざわ》」「森早生《もりわせ》」「ぽろたん」「トゲナシクリ」など

中生種（熟期：9月下旬～10月上旬）
「銀寄《ぎんよせ》」「紫峰《しゅうほう》」「丹波《たんば》」「筑波《つくば》」「美玖里《みくり》」「利平《りへい》」など

晩生種（熟期：10月上～中旬）
「石鎚《いしづち》」「岸根《がんね》」など

苗木の植えつけ　凍害に強い台木についだつぎ木苗を入手して、極寒期を避けた11～3月に植えつけます。日当たりがよく、排水性と保水性がともによい、土層の深い場所に約直径60㎝×深さ60㎝ほどの丸い穴を掘って腐葉土や有機質肥料を混ぜ込み、苗木を根土ごと入れて土を戻し、たっぷりと水をやります。植えつけ場所の間隔は、生長後の樹形を想定してとりましょう。

整枝・剪定のコツ　一～二年生苗の場合は、植えつけたら土の表面から30～40㎝

のところで主幹を切ります。2年目は、バランスよく出ている2～3本を主枝として伸ばし、ほかの枝は取り除きます。残す枝も先を3分の1ほど切ります。翌年は主枝の先を3分の1ほど切り、主枝から出る枝を混み合わないよう2～3本程度に間引き、残す枝も先を3分の1ほど切ります。樹形が整ってきたら、混み合った部分を間引き、樹冠内部の日当たりと風通しをよくしておきます。

　整枝・剪定は、1～2月が適期です。

よい実をならせるコツ　樹全体への日当たりをよくすることです。剪定をしないままでは樹冠の表面にしか結実しないほど日陰を嫌います。

水やりと施肥　水やりをとくに行う必要はありません。

　肥料は、冬に有機質肥料を与え、収穫後には速効性の化成肥料を追肥します。

収穫のコツ　熟すとイガが割れて自然に落果します。品種によって実だけ落ちるものとイガごと落ちるものがあります。実の中に虫がいることもあるので、収穫したらすぐに半日ほど水に漬けましょう。

　収穫後、数日置くと甘みが増します。

主な病害虫とその防除　クリタマバチのほか、幹や枝の中を食害するカミキリムシやコウモリガ、実を食害するクリミガやクリシギゾウムシ、その他毛虫類、アブラムシなどがつきます。また、カミキリムシの侵入痕や剪定の切り口から菌が侵入して胴枯《どうがれ》病が発生することがあります（ニホングリは抵抗性があるので、比較的かかりにくい）。赤褐色に変色した病変部が幹を一周すると枯死するので、大きめに削り取って消毒します。害虫も早めに駆除しましょう。

鉢植えでの育て方　基本的には地植えと同じです。大きめの鉢に赤玉土6、腐葉土2、川砂2の配合土で植えつけ、日当たりのよい場所で育てます。適湿な土壌を好むので、生育期は表土が乾きかけたらたっぷりと水をやります。肥料は、4月と8月に油かすの固形肥料を与えます。

●剪定のしかた

勢いよく伸びた枝。この枝があると日陰をつくるので付け根から切る。よい実をならせるには、樹冠内部にまで日光が当たるようにすること。

下枝や弱い枝には、よい実がならないので切る。

枝を切った痕には癒合剤を塗っておくこと。

完成。強めに剪定をすると樹勢が出て、クリタマバチへの抵抗性も上がる。

クリタマバチの虫コブ痕。新芽に寄生し、ひどい場合は樹全体が枯死する。

キウイフルーツ・サルナシ

機能性食品としても注目される、さわやかな甘さと酸味のつる性果樹

- マタタビ科 マタタビ属
- つる性落葉樹
- 栽培難易度 ★★☆
- 結果年齢 約3年

剪定のコツさえつかめば比較的育てやすく、藤棚のように仕立てて夏の日陰を楽しんだり、フェンスやポールに誘引したり、鉢に植えたりしても楽しめます。果肉が緑色の大玉種のほか、黄色の果肉やミニサイズも登場しています。

雌花

雄花

サルナシ

栽培データ

適　地	日当たりがよく、排水性と保水性がよい肥沃な場所。強風を避ける
耐寒性	強いが、晩霜の害を受けやすい
耐暑性	比較的強いが、夏に葉焼けしやすい
耐乾性	地表近くに根を張るので、弱い
耐湿性	常にジメジメした環境を嫌う
耐陰性	日陰ではよい果実ができない
繁　殖	さし木、つぎ木
土　質	中性
授粉樹	キウイは基本的に雌雄異株。サルナシは雌雄異株と雌花・雄花・両性花が咲く株がある

栽培スケジュール（基準地域：関東南部）

作業項目	1月	2月	3月	4月	5月	6月	7月	8月	9月	10月	11月	12月
植えつけ	●	●									●	●
剪　定	●	●										
施　肥										●	●	
花芽分化							●					
摘蕾・摘果						摘果						
花期・熟期					花	花				実	実	
繁　殖					つぎ木	つぎ木	さし木	さし木				

よくある疑問点とその対処

Q 棚に這わせて、収穫も楽しめる緑の木陰をつくりたいが、仕立てるコツは？

A 夏場の強い日差しで葉焼けを起こすことがあるので、できるだけ風通しのよい場所を選ぶことです。木陰をつくるには枝葉が多いほうがよいのですが、茂りすぎて暗くなると光合成がうまく行かずに実着きが悪くなったり、糖度が不足したりします。主幹や主枝をバランスよく配置し、茂りすぎないように剪定を行いながら育てましょう。それでも夏の暑さをしのげる、ほどよい木陰は十分堪能できるはずです。

おすすめの品種　名前はニュージーランドの国鳥キウイに由来しますが、原産は中国。古くはチャイニーズグーズベリーと呼ばれていました。日本へは、1960〜70年代にかけて種子や苗木が導入されたものが急速に広まりました。

世界でもっとも多く営利栽培されているのは、ニュージーランドで育成された「ヘイワード」で、9割以上といわれます。ちなみに、1996年にニュージーランドでは自国産キウイフルーツに「ゼスプリ」のブランド名がつけられました。99年からは果肉が緑の「ヘイワード」は「ゼスプリグリーン」、果肉が黄色の「ホート16A」は「ゼスプリゴールド」のブランド名で出回っています。

●ベビーキウイ＝サルナシ

ベビーキウイの名前で出回る、ひと口サイズの果実。甘みが強い。皮が薄く、切ってそのまま食べられる。日本にも自生するサルナシの一種。栽培スペースが狭い場合は雄株を鉢植えにしてもよい。雄株の品種は味を左右しない。１本でも受粉しやすいつぎ木苗や新品種も登場している。

光香《みつこう》…果実が大きく、甘みが強いのが特徴。１株に雌花・雄花・両性花が咲く。

峰香《ほうこう》…「光香」を先祖に持ち、より樹勢が強く甘みも強い。生食におすすめ。雌雄異株。

●おすすめのキウイフルーツ

果肉はきれいな緑白色。香り高く、甘みと酸味のバランスがよい。貯蔵性にも優れ、うまく管理すれば半年間保存可能。

果肉が黄色い大玉種。甘みが強いのが特徴。ビタミンCの含有量が多いのも魅力。

香川県で生まれた品種。樹勢が強く、果実は円筒形で中心がややくびれる。香りと甘みが強くて酸味が弱く、大変美味。

●仕立て方いろいろ

太くて頑丈なつるが旺盛に伸びるので、支柱が重みで倒れないよう、しっかりしたつくりにしておく。垣根仕立てもおすすめ。

あんどん仕立て
キウイフルーツの雄株やサルナシは鉢植えでもＯＫ。雌株を育てるときは大きな木樽などに植えてあんどん仕立てにする。

棚仕立て
ブドウ棚の要領で作成するが、日陰棚やカーポート、ビニールハウスの骨組みを利用すれば楽につくれる。夏には緑陰も。

ポール仕立て
頑丈なポール（鋼管）を地中に差して立て、それにからませる。収量は少なめだが、狭い庭でも挑戦しやすい。

苗木の植えつけ ほとんどの品種が雌雄異株なので、雌雄の株を一緒に育てます。スペースがない場合は、雄株は鉢植えで育てます。毛に覆われた枝（つる）が勢いよく生長し、支柱などにからみついて茂ります。垣根やフェンスにからませるなど、立体的に仕立てましょう。

植え場所に約直径50㎝×深さ50㎝の穴を掘り、掘った土に腐葉土を混ぜ、その半分に土2、油かす1、発酵牛糞1の割合で加えて混ぜ、穴に戻してから苗木を植えつけます。

整枝・剪定のコツ 育てる場所や仕立て方によって、整枝の方法が異なります。棚やT字型のバーを使う場合は、まず1本の主幹を柱に沿わせて伸ばし、棚の高さに育ったら1～2本の主枝を棚や横のバーに這わせて主枝とします。主枝から出る枝を、左右バランスよく40～60㎝くらいの間隔で配置します。垣根を使う場合は、強勢で伸びる方向がよい枝を主枝として、そこから出る枝を適当な間隔をあけて残し、誘引しながら育てます。いずれも、主枝以外の不要な芽は付け根から切りましょう。また、枝先を支柱に巻きつかせないようにし、強くて太い主枝を育てるのが基本です。垣根仕立ての場合、垣根の手前側だけに枝が這うよう、

●剪定のコツ

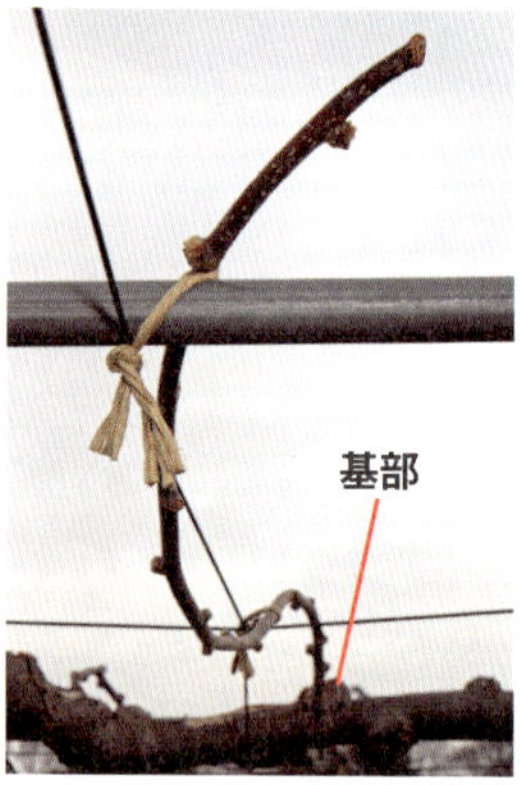

長く伸びた枝（つる）は、基部から10節ほど残して切る。

花芽が着かない古枝や強すぎる太枝は、付け根から切る。太枝は主幹より勢いが強く、樹全体を弱らせる。切り口には癒合剤を塗っておくこと。

古枝や太枝との更新用に上向きの新梢を残す。上向きの枝のほうが勢いがよく着果しやすい。

棚全体の様子。適当な間隔で左右にバランスよく枝を伸ばす。

その年の秋の様子。枝に沿って着果しているのがわかる。

授粉用に開花期が合う雄株を一緒に植えておく。開花が合わない場合は、花粉を冷蔵庫で保存して、人工授粉する。

こまめに誘引や摘芯を。キウイフルーツの枝は頑丈で、柱や網目に巻きつかせてしまうと落葉後の剪定がやっかいです。

花芽は、当年に伸びた枝の葉の付け根にできます。翌年、そこから伸びた新梢の基部から3～8番目の節に多く花をつけます。そこで、冬には長く伸びすぎた枝を10節くらい残して切ります。花芽をつける枝の数が多すぎるとかえって実着きが悪く果実の質も低下しがちです。また、枝や葉が茂りすぎても、日当たりと風通しが悪くなって、病害虫が発生したり生長が悪くなったりします。花芽をつける枝は適当な間隔をあけて間引き、伸びすぎた枝を切って樹形を整えることがポイントです。

また、主枝の基部から出る太くて勢いの強い枝をそのまま伸ばすと、ほかの枝の生長が抑えられてしまいます。これを負け枝現象と呼びますが、とくに「ヘイワード」に発生しやすく、負け枝は実着きが悪くなったり果実が小さくなったりするので注意が必要です。このような樹形を乱す強い枝は、季節に関係なく付け根から取り除きましょう。

よい実をならせるコツ　昆虫によって受粉・受精される虫媒花ですが、雄株を植えてある場合でも、人工授粉をすると安心です。生理落果が少なく、たくさん実を着けてしまうと翌年の実なりが悪くなることがあります。1本の枝に3～5個くらい（短果枝は1～2個）を残して摘果するとよいでしょう。

また、開花から収穫まで5～6か月もかかりますが、最初の約1か月の間に外観的には収穫時の75％ほどの大きさに育ちます。摘果時期が遅れるとその効果が低くなるので、なるべく早めに行うのがコツです。

水やりと施肥　根が浅く張り、地表にも伸びるので、土壌の乾燥を嫌います。乾燥した晴天が続いたら水をやりましょう。ただし、常にジメジメした環境は嫌うので、水のやりすぎには注意します。

肥料は、有機質を多く含んだ寒肥を落葉後早めに施します。樹勢が弱りやすい場合は、10月下旬～11月下旬頃に寒肥を施し、2月～3月上旬頃と6月頃に速効性の化成肥料を追肥してもよいでしょう。

収穫のコツ　一般的に樹上では成熟せず、収穫後に追熟させます。収穫した果実はビニール袋などに入れて密閉し、15～20℃の場所で管理すれば追熟できます。このとき、新鮮なリンゴを一緒に入れておけば、発生するエチレンガスの効果で追熟期間が短縮できます。

主な病害虫とその防除　花や枝葉に病斑ができて枯死することも多いかいよう病、灰色かび病、果実軟腐《かじつなんぷ》病などの病気が発生することがあります。またカイガラムシやコウモリガ、ドウガネブイブイ、ネコブセンチュウなどの害虫がつくこともあります。日頃から日当たりと風通しのよい環境を心がけ、肥料のやりすぎに注意して強い樹をつくることが第一です。病気は病変部を早めに切除して処分し、目につく害虫は補殺します。被害が拡らないよう、園芸店などで相談して適応する薬剤で防除に努めましょう。

鉢植えでの育て方　ワイン樽や木製タブなどに土をたっぷりと入れれば、大きく育てることも可能です。鉢植えにする場合は直径30cm以上のなるべく大きなものを用いてアサガオのようなあんどん仕立てにするとよいでしょう。初年度は収穫するよりも主幹を太らせることに重点をおいて仕立てると、その後がっしりとした株に育ちます。土が乾きやすいので、水切れに注意して管理します。

食べ方／栄養価

ビタミンCが豊富で、中程度のサイズ2個で一日の摂取量がとれるといわれるほど。とくに黄実種は緑実種の1・5倍程度の量を含みます。目の健康によいと注目される成分ルテインは、とくにベビーキウイ（サルナシ）に多く含まれています。緑実種は、たんぱく質解酵素として知られるアクチニジンも豊富です。ただし、そのためにジャムやゼリーをつくるときにゼラチンを使うと固まりにくい傾向があるので、寒天などを用いるとよいでしょう。

キウイフルーツは優れた機能性成分を含むことで注目される果実ですが、人によっては合わないことがあり、アレルゲンになるケースがあるので、念のため留意しましょう。

●果実の生長の様子

6月中旬
直径約2cmの頃に摘果。キウイフルーツは初期生長のスピードが早い。開花から約1か月の頃に摘果を終わらせるのがコツ。

7月中旬
収穫時の90％くらいに生長。

9月中旬
だんだん甘みが増してくる。

11月上旬
そろそろ収穫の適期。

花

幼果

ウンシュウミカン【温州蜜柑】

日本の柑橘類の代表的な樹種。丈夫で育てやすく、寒さにも比較的強い

- ミカン科 ミカン属
- 常緑低木
- 栽培難易度 ★☆☆
- 結果年齢 約3年

日本原産。現在の鹿児島県長島で生まれたとされています。温暖な気候を好む柑橘類の中では比較的寒さに強く、関東南部でも地植えで栽培できます。ただし、冬の気温が氷点下まで下がる地域では、防寒対策を施しましょう。

栽培データ

適　地	日当たりがよく、温暖で冬の寒風が当たらない、排水性のよい場所
耐寒性	－5℃以下では枯死する心配がある
耐暑性	強い
耐乾性	強い
耐湿性	普通
耐陰性	半日陰でも栽培は可能だが、日に当てたほうが実着きがよい
繁　殖	つぎ木
土　質	pH5.0～6.0の弱酸性
授粉樹	不要。無受精でも果実が肥大する（単為結果）

栽培スケジュール（基準地域：関東南部）

作業項目	1月	2月	3月	4月	5月	6月	7月	8月	9月	10月	11月	12月
植えつけ			●									
剪　定			●									
施　肥			●							●		
花芽分化	●	●	●									
摘蕾・摘果						●		●				
花期・熟期					花				実	実	実	
繁　殖		つぎ木	つぎ木	つぎ木		つぎ木	つぎ木	つぎ木				

よくある疑問点とその対処

Ⓠ 柑橘類はよく実がなる年とならない年を交互に繰り返す「隔年結果性」があると聞きました。それを避ける方法はありますか。

Ⓐ 実なりが多すぎると養分を消耗して花芽がつくられなくなり、翌年の実なりが悪くなります。生理落果のあとに摘果を行って、着果数を調整すれば、隔年結果が起こりにくくなり、果実の品質もよくなります。目安は「葉20～25枚当たり1果」です。また、果実をつけた枝から、翌年には花芽ができない枝が発生するので、隔年結果性は枝ごとにも異なります。花芽ができず、実がならなかった枝には、翌年に開花・結実します。

おすすめの品種　収穫期によって、9～10月頃の極早生《ごくわせ》温州、10～12月の早生温州、11～12月の中生《なかて》温州、1～2月頃の普通温州（晩生《おくて》温州）に分類できます。

関東南部は晩秋には気温が下がるので、その前に収穫できる極早生～早生種がおすすめです。また、鉢植えで収穫期の異なる数種類を育てれば、9月～翌2月まで、長い間収穫を楽しむことができます。

苗木の植えつけ　温暖で冬の寒風が当たらない、水はけのよい場所を選びます。約直径50cm×深さ50cmの丸い穴を掘り、掘り上げた土に腐葉土を混ぜ込みます。混ぜ込んだ土の半分に土2、油かす

主な品種

極早生種　9～10月頃に収穫

上野《うえの》早生《わせ》	宮川早生の枝変わり※。樹勢はやや強い
大浦《おおうら》早生《わせ》	佐賀・和歌山では極早生の代表種
日南《にちなん》1号《ごう》	興津早生の枝変わり。樹勢は宮川早生よりやや弱い。宮崎では代表種
宮本《みやもと》早生《わせ》	宮川早生の枝変わり。栽培しやすい
崎久保《さきくぼ》早生《わせ》	山早生の枝変わり。樹はあまり大きくならない

早生種　10～12月頃に収穫

興津《おきつ》早生《わせ》	宮川早生から育成。樹勢が宮川早生より強く、栽培しやすい。味が濃厚
小原紅《おばらべに》早生《わせ》	宮川早生の枝変わり。果皮が赤に近い橙色
田口《たぐち》早生《わせ》	早生温州の枝変わり。興津早生より甘い
宮川《みやがわ》早生《わせ》	在来系温州の枝変わり。栽培しやすく、早生の代表種
山下紅《やましたべに》早生《わせ》	宮川早生の枝変わり。果皮が赤に近い橙色

中生種　11～12月に収穫

大津《おおつ》4号《ごう》	十万《じゅうまん》温州から選抜。樹勢が強い。甘み強い
久能《くのう》温州《うんしゅう》	栽培しやすい。甘み酸味強く、味が濃厚
瀬戸《せと》温州《うんしゅう》	樹勢が強い。瀬戸内～広島を中心に栽培
南柑《なんかん》20号《ごう》	樹勢は普通種よりやや弱い。甘み強く、酸味が少ない
林《はやし》温州《うんしゅう》	樹勢が強い。甘み酸味強く、味が濃厚
向山《むかいやま》温州《うんしゅう》	和歌山で発見。果肉は濃紅色で食味濃厚

普通種（晩生種）　1～2月頃に収穫

青島《あおしま》温州《うんしゅう》	樹勢は旺盛だが隔年結果性が強い。大きな果実は貯蔵性が高い
寿太郎《じゅたろう》温州《うんしゅう》	青島温州の突然変異。樹勢は青島温州よりやや弱い
南柑《なんかん》4号《ごう》	樹勢が強い。愛媛では普通温州の代表

※突然変異により、ある枝だけが元の樹と異なる性質をもつこと。

苗木の植えつけ

日当たりがよく、温暖で冬の寒風が当たらない、水はけのよい場所を選ぶ。

植え穴を掘り、掘り上げた土に同量程度の腐葉土を混ぜ込む。この作業は植えつけの2週間前に。

混ぜ込んだ土の半分に土2、油かす1、発酵牛糞1の割合で加えて混ぜて穴に戻す。苗木を根土ごと穴に入れ、残りの土を戻す。

⇦切る
水をやり、支柱を立てて誘引し、地表から40～50㎝のところで主幹を切る。

1、発酵牛糞1の割合で加えてよく混ぜ、掘った穴に戻します。細根を切らないように、苗木を根土ごと穴に入れて残りの土を戻し、たっぷりと水をやります。

苗木は、葉数の多いものを選びます。つぎ木苗や三～四年生以上の大苗を購入すれば、実がなるまでの期間を短縮することができます。ただし、株の充実を図るため、植えつけて1～2年は果実ができても摘み取りましょう。

半日陰地でも育ちますが、日当たりのよい場所で育てたほうが、実着きがよくなります。植えつけは3月が適期です。

整枝・剪定のコツ

一～二年生苗の場合は、植えつけたら土の表面から40～50cmのところで主幹を切ります。主幹の途中から新梢が発生するので、バランスよく出ている2～3本を主枝として伸ばし、その他の新梢を取り除きます。主幹から伸びた部分は先を3分の1ほど切っておきましょう。翌年は、主枝の先端を3分の1ほど切り、主枝から出る枝を混み合わないよう2～3本程度に間引き、残した枝は先端を3分の1ほど切ります。主枝が上に強く伸びている場合は、やや寝かせるように誘引しておきます。

樹形が整ってきたら、混み合った部分を間引く程度にします。樹冠内部の日当たりと風通しをよくしておきましょう。

枝が春・夏・秋の3回伸びます。花芽は前年の果実がまだ残る1～3月頃、前年は結実しなかった枝にできて、そこから春に伸びる新梢の先1～3節に開花・結実します。花芽は、春に伸びた部分の葉腋によくできるので、前年が「なり年」の場合は混み合った部分の間引き程度か剪定をせずに花芽を残して、前年が「不なり年」だった場合は、夏～秋に伸びた部分を切ります。

整枝・剪定は、3月が適期です。

●樹形づくりの目標

短い主幹から2～3本の主枝を伸ばし、さらに各主枝から2～3本の枝(亜主枝)を伸ばしている。樹冠内部の日当たりと風通しがよく、品質のよい果実ができる。また、樹高を抑えられて、作業しやすい。

●隔年結果のようす

樹全体ではたくさん収穫できるが、個々の枝を見ると、実なりのよい枝と実がほとんどなっていない枝がある。実なりの悪い枝は、翌年に多くの実がなる。

●摘果のしかた

摘果はハサミか手で。手で摘み取る場合は、枝まで折らないように手で押さえておく。

よい実をならせるコツ　花数が多く、養分の競合などで結実してすぐに「生理落果」が起こりますが、それでもまだ多くの果実が着いています。すべてが熟すと翌年は「不なり年」になるので、果実の直径が1・5～2cmになったら1回目の、8月中旬頃に2回目の摘果を行います。

色つやがわるいもの、傷ついたもの、病害虫に冒されたもの、着果数の多い部分を見て、果柄から摘み取ります。隔年結果を起こさせないための摘果の目安は「葉20～25枚に1果」です。本来の花数の60%以上を落とすことになりますが、それでも右の写真のようにたくさんの実がなります。

摘果を行うと、1果当たりに回る養分が多くなり、果実の品質も高まります。

水やりと施肥　開花・結実後、果実の生長期に土壌が乾燥すると落果しやすいので、春～夏は土の状態を観察して、水切れさせないよう注意しましょう。秋はやや乾燥気味にしたほうが、果実の糖度が上がります。

肥料は、樹形が整うまでは3月、6月、9月頃に化成肥料を、収穫できるようになったら3月に有機質肥料を、9～10月頃に化成肥料を施します。

また、2月頃には、株周りに苦土石灰《くどせっかい》をまいて、軽くすき込みましょう。

収穫のコツ　果皮が黄色く色づいたものから収穫します。樹上で完熟させたほうがおいしいのですが、花芽ができる1～2月までには収穫を終えないと、隔年結果を起こさせることになります。

鉢植えでの育て方　直径21～24cm以上の鉢に赤玉土6、腐葉土3、川砂1の配合土を入れて植えつけます。細根は切らないようにしましょう。植えつけたら、たっぷりと水をやり、暖かく日当たりのよい場所で育てます。主幹を鉢と同じ高さで切り、庭植えと同じ要領で樹形をつくっていきます。

春～秋の生育期には、土の表面が乾く前にたっぷりと水をやり、冬はやや控え気味にします。肥料は3月、6月、9月に油かすの固形肥料を鉢縁に施します。

主な病害虫とその防除　ハダニが発生します。乾燥が続くとあっという間にふえるので、早めに駆除しましょう。アブラムシやカイガラムシにも注意が必要です。

ヤガ科のガやカメムシが果実から汁を吸います。目の細かいネットをかけて防ぐか誘蛾灯を設置して捕殺します。カミキリムシは成虫が枝葉を、幼虫が幹内を食害します。幼虫は、木くず（糞）が出ている穴から薬剤を注入するか、針を突き込んで駆除します。

病気では褐色《かっしょく》腐敗《ふはい》病や黒点《こくてん》病、そうか病、そばかす病などが発生します。病気にかかった葉や果実を処分し、園芸店などで相談して適応する薬剤で駆除します。

Ⓐヤガ類に吸汁された痕。
Ⓑカミキリムシの幼虫に幹内部を食害されて枯死した若木（P.150参照）。
Ⓒそばかす病。中の果肉も変質する。

はるみ	清見×ポンカンF−2432。耐寒性はミカンより弱い。樹高は2〜3m。収穫期は1〜2月。自家結実性がある。トゲあり。隔年結果を起こしやすいので、多めに摘果する
バレンシアオレンジ	耐寒性はミカンよりやや弱い。樹高は2.5〜3m。収穫期は6〜7月。果実を樹上にならせた状態で冬を迎えるので低温になる地域では落果しやすい。自家結実性がある。暖かくなると果皮が緑色に戻り、味が落ちるので、袋がけをして防ぐ
ヒュウガナツ【日向夏】	宮崎で発見。ユズの突然変異と考えられている。耐寒性はミカンよりやや弱い。樹高は2〜4m。収穫期は6月頃。自家結実性が弱いので、アマナツを授粉樹にするとよい。ニューサマーオレンジは本種の枝変わり
福原オレンジ	千葉で発見。耐寒性はミカンと同程度。樹高は2.5〜3m。収穫期は3〜5月。自家結実性がある。トゲあり
フクレ【福来】	筑波山麓で古くから生産されてきた、寒さに強い品種。果実は小さいが甘く、ユズのような香り。収穫期は11〜12月。自家結実性がある
ポンカン	耐寒性はミカンと同程度。樹高は3〜4m。収穫期は10〜12月。自家結実性がある。トゲはほとんどない
カボス【香母酢】	主に大分で栽培。実着きがよく丈夫で、耐寒性はミカンと同程度。樹高は2〜4m。8〜10月に収穫される果実は直径4〜5㎝。自家結実性がある。「カブス」と呼ばれるのは本種ではなく、ダイダイの仲間。トゲあり
シークワーサー	沖縄の野生ミカン。耐寒性はミカンより弱い。樹高は3〜5m。12月頃に収穫。自家結実性がある。フラボノイドの一種「ノビレチン」を多く含む健康果実
スダチ【酢橘】	主に徳島で栽培。耐寒性はミカンより強い。樹高は2〜3m。収穫期は8〜10月。果実は直径3㎝程度で、酸味と香りがよい。自家結実性がある。トゲあり
ダイダイ【橙】	耐寒性はミカンと同程度。樹高は5mほど。自家結実性がある。果汁はポン酢として利用される。トゲあり
ハナユ【花柚】	ユズの近縁種。耐寒性はミカンよりやや弱い。樹高は1.5〜2m。収穫期は9〜11月。早く結実し「一才《いっさい》ユズ」ともいう。自家結実性。花も吸い物などに利用する。トゲあり
ユズ【柚子】	樹勢が強く、カンキツ中もっとも耐寒性があり、東北地方でも庭植えできる。樹高は4〜6m。収穫期は9〜12月。自家結実性がある。鉢植えでも育てやすい。トゲあり
ライム	耐寒性はミカンより弱い。「タヒチライム」「メキシカンライム」があり、タヒチライムのほうが耐寒性は強い。果実はレモンに似るが、香りはレモンより強く、酸味はマイルド。9月〜12月頃に収穫。自家結実性がある
レモン	耐寒性はミカン（ウンシュウミカン）より弱い。四季なり性で5〜8月に開花し、10〜3月頃に収穫。自家結実性がある。鉢植えでも育てやすい。トゲあり

※ここに挙げたカンキツ類のうち、キンカンのみ「キンカン属」。ほかはすべて「ミカン属」。

はるみ

フクレ

カボス

スダチ

レモン

ライム

その他のカンキツ【柑橘】類

イヨカン【伊予柑】	山口県で発見。のちに愛媛での栽培が盛んになった。寒さに弱く、寒害を受けやすい。樹高は2.5～3m。収穫期は1～2月頃。豊産性だが樹勢はやや弱い。自家結実性がある
キヨミ【清見】	宮川早生×トロビタオレンジ。耐寒性はミカンと同程度。樹高は2～3m。収穫期は3～4月頃。自家結実性がある。トゲあり
キンカン【金柑】	中国原産。耐寒性はあるが、果実が霜に弱い。樹高は低く、1～2m。自家結実性がある。鉢植えでも育てやすい。トゲは短く、ない品種もある
グレープフルーツ	西インド諸島原産でブンタンの自然交雑種。さまざまな品種がある。耐寒性はミカンよりやや弱い。樹高は2～4m。収穫期は12～1月。果実はブドウ(グレープ)のような房状になる。自家結実性がある。トゲあり
コウジ【柑子】	日本原産。耐寒性はミカンより強く、東北地方でも庭植えできる。樹高は3mほど。小振りな果実は11～12月に収穫。正月のお飾りなどに利用される。自家結実性がある
ザボン【朱欒】	ブンタン(文旦)とも。東南アジア～台湾、中国南部原産。耐寒性はミカンより弱い。樹高は3mほど。収穫期は10～2月。大きな果実がなる。自家結実性が弱いのでアマナツやハッサクを授粉樹にする。河内晩柑《かわちばんかん》、晩白柚《ばんぺいゆ》などもこの仲間
シシユズ【獅子柚子】	見た目は大きなユズだが、ザボン(ブンタン)に近い。耐寒性はミカンと同程度。樹高は2～4m。収穫期は10～11月頃。自家結実性がある。主に観賞用(縁起もの)だが、厚い果皮をマーマレードに利用できる。鉢植えでも育てやすい。トゲあり
シラヌイ【不知火】	登録商標の「デコポン」で有名。清見×ポンカン(中野3号)。耐寒性はミカンより弱い。樹高は2～3m。収穫期は3月頃。自家結実性がある。トゲあり
スイートスプリング	ハッサク×上田温州。耐寒性はミカンと同程度。樹高は2～3m。2月頃に収穫される果実は甘くジューシー。自家結実性がある。あまり出回らないが育てやすい。トゲあり
タチバナ【橘】	日本固有種で西日本に自生。ニッポンタチバナともいう。京都御所の「右近橘」で有名。樹高は2～4m。果実は酸味が強く、主に観賞用(縁起もの)。丈夫で育てやすい
ナツミカン【夏蜜柑】	正式名称は「ナツダイダイ(夏橙)」。山口県で発見。耐寒性はミカンより弱い。樹高は3～6m。自家結実性がある。トゲはないか、短い。アマナツ(甘夏)は大分で発見された、本種の枝変わりネーブルオレンジスイートオレンジの一品種で甘く、香りがよい。耐寒性はミカンよりやや弱い。樹高は3mほど。収穫期は12～1月。自家結実性がある
ハッサク【八朔】	広島で発見。ザボンの自然交雑種とされる。耐寒性はミカンと同程度。樹高は2～3m。収穫期は1～3月。自家結実性が弱いのでアマナツを授粉樹にするとよい。トゲあり
はるか	ヒュウガナツの自然交雑実生から選抜。耐寒性はミカンと同程度。樹高は2～3m。2～3月に収穫される果実はデコポンのような形。自家結実性がある。トゲあり

キンカン

シシユズ

シラヌイ

タチバナ

ナツミカン

はるか

花

未熟果

オリーブ

気候の温暖化に伴って栽培適地が拡大。関東南部でも大きな庭木が見られる

西アジア原産。紀元前三千年頃には栽培されていました。日本では、明治期に入ってから小豆島で盛んに栽培されるように。花期は5～6月で、芳香を放ちます。果実ははじめ淡緑色、熟すと美しい黒紫色になり、枝から下垂します。

- モクセイ科オリーブ属
- 常緑小高木
- 栽培難易度 ★★☆
- 結果年齢 約4年

栽培データ

適　地	日当たりがよく排水性のよい場所。やせた土壌でもよく育つ
耐寒性	寒さに強く、北陸地方でも栽培が可能
耐暑性	強い
耐乾性	乾燥した場所でもよく育つ
耐湿性	過湿を嫌う
耐陰性	日陰地は避ける
繁　殖	実生、さし木、つぎ木
土　質	酸性土を嫌うがあまり選ばない
授粉樹	必要。ただし、花粉が風で飛びやすいので人工授粉は不要

栽培スケジュール（基準地域：関東南部）

作業項目	1月	2月	3月	4月	5月	6月	7月	8月	9月	10月	11月	12月
植えつけ						●						
剪　定			●	●								
施　肥			●								●	
花芽分化	●											●
摘蕾・摘果												
花期・熟期					花	花	花		実	実	実	
繁　殖		●	●	●		さし木	さし木	さし木		実生	実生	

よくある疑問点とその対処

Q 風通しのよい庭に1本植えてあるのですが、花は咲くのに実はなりません。なぜ結実しないのでしょうか。

A オリーブは「自家不結実性」で、ほとんど自家受粉することがありません。そこで、もう一株近くに植えておく必要があります。もし、庭にその余地がない場合は、鉢植えで育てて花粉を採取し、人工授粉を行う必要があります。なお、1本でもかなり結実する品種もあるので、苗木を購入する際に、その点を確認するとよいでしょう。

おすすめの品種　育てやすく、家庭でもオイルに加工しやすい「ミッション」、大果品種では「セビラノ」があります。この2品種や「アルベクイナ」は1本でも比較的結実しやすいので、家庭向きといえるでしょう。

苗木の植えつけ　苗木には、つぎ木苗とさし木苗とがありますが、つぎ木苗の台木は実生したものです。

「ミッション」と「セビラノ」は直立性、「マンザニロ」は枝が横に張りやすい性質があるので、植えつける場所を選ぶ際の目安にしましょう。植えつけ場所は、日当たりと排水性、通気性がよい土壌であることが条件です。ただし、やせた土壌では実着きが悪くなります。植えつけの適期は6月です。あらかじめ苦土石灰《くどせっかい》をすき込んでおいた場所に約直径50㎝×深さ50㎝の丸い穴を掘り、掘り上げた土に完熟堆肥を混ぜ込んで、たっぷりと水を含ませます。苗木を根土ごと入れ、やや浅めに排水性をよくして植えつけます。

整枝・剪定のコツ　植えつけ後、目的の樹高まで生長したら、主幹を切り、側枝で樹形を整えながら育てていきます。風に弱いので、植えつけた場所によっては早めに樹芯を止めて、樹高を抑えたほうがよいでしょう。

オリーブは、不定芽が発生しやすい果樹です。樹高が予定以上に伸びたり枝が広がりすぎたりした場合は、間引き剪定を行います。思いきり太枝を切り詰めても、樹勢にはほとんど影響しません。

熟果

整枝・剪定の時期は、新芽が発生する直前の3～4月が適期です。これ以外の時期は開花や樹勢に影響しやすいので注意しましょう。

よい実をならせるコツ　前年枝の先端に近い部分と中間部の葉腋に花芽ができ、5月下旬～6月上旬に20花ほどかたまって開花します。花粉は風に乗って飛散するので、とくに人工授粉を行う必要はありません。黄白色の花にはよい香りがあるので、花期も十分に楽しめます。

水やりと施肥　苗木の頃を除けば、とくに水をやる必要はありません。

肥料は、3月の芽出し前と収穫後に、化成肥料を与えます。

収穫のコツ　緑色のうちに利用する場合は、濃緑色の果皮が淡緑色になり、つやを帯びてきた頃に収穫します。熟果の場合は、赤紫色に色づいた頃が適期です。収穫するときは果実に直接触れず、果柄からつまんで枝から離すのがコツです。

主な病害虫とその防除　幹におがくずに似た粉を見つけたら、オリーブゾウムシが侵入したものですから、侵入孔を探して適応する薬剤を注入し、そのうえで周囲にも散布しておきましょう。

葉や果実に黒褐色の円形の病斑が出るのは炭疽《たんそ》病です。なるべく早期に、適応する殺菌剤を散布します。

鉢植えでの育て方　1本でも結実しやすい「ミッション」などの品種を選ぶとよいでしょう。直径30㎝の鉢に赤玉土5、川砂3、腐葉土2の配合土を入れ、苗木を植えつけて、たっぷりと水をやります。日に当たる時間が長い場所ほど、樹勢がつき、幹や枝の徒長を防ぐことができます。

植えつけ後、開花するまでは土の表面が乾いたら水を与えますが、開花以降は乾く前に与えたほうが安全です。水分が不足すると落果しやすくなります。

肥料は、3月、6月下旬、10月下旬の3回、緩効性の化成肥料を施します。

おいしい食べ方

塩漬けにするには、収穫した果実をすぐに2%ほどの水酸化ナトリウム溶液に半日漬けて渋抜きし、2日ほど数時間おきに水を換えて水が透明になるまで洗います。その後、2%の塩水に2日間漬け、さらに4%の塩水に漬ける(冷蔵庫で保存)と食べられるように。

油を搾る場合は、洗って水気を切った果実を潰して袋に入れ、1~2時間もみます。果肉が分離するので漉して液体を瓶に集め、上澄みの油だけすくい取ります。

雄花

実

ヤマモモ【楊梅】

樹形や葉色が美しく、病害虫にも強いため、公園や街路の緑化樹にも利用

日本、中国、台湾などを中心に、海岸近くの里山に自生。雌雄異株で、雄花は長さ約3㎝、雌花は葉腋に短い穂状に発生、4月頃に開花します。果実は約1～3㎝の球形や卵形で多汁質。果肉は甘酸っぱく、中に硬い核が入っています。

- ヤマモモ科 ヤマモモ属
- 常緑高木
- 栽培難易度 ★☆☆
- 結果年齢 約5～10年

栽培データ

適地	暖地性なので、関東南部以西の日当たりがよく、肥沃な場所
耐寒性	やや弱い。場所によっては霜よけも必要
耐暑性	強い
耐乾性	比較的よく耐えるが、花期の乾燥は、落花の原因になる
耐湿性	過湿に弱い。日照不足が気になる場所では、土を盛って植えつける
耐陰性	日陰地では樹勢が落ちる
繁殖	つぎ木、実生
土質	弱酸性
授粉樹	収穫するには雄株と雌株が必要

栽培スケジュール（基準地域：関東南部）

作業項目	1月	2月	3月	4月	5月	6月	7月	8月	9月	10月	11月	12月
植えつけ			●	●								
剪定		●	●									
施肥												
花芽分化						●	●					
摘蕾・摘果					摘果							
花期・熟期				花		実						
繁殖				つぎ木					実生			

よくある疑問点とその対処

Q 順調に生育し、樹勢もよいのですが、よく実がなる年とならない年があります。毎年実を楽しむ方法はないものでしょうか。

A 元々、隔年結果しやすい性質があります。通常は摘果は行いませんが、毎年実なりを楽しみたい場合は、早めに果実を間引いて数を減らすとよいでしょう。また、葉腋に雌花の花穂が発生した段階で穂を摘み取り、数を減らせば、摘果と同じ効果が得られます。ただし、樹高が高い場合は危険を伴うので、注意してください。

おすすめの品種 家庭向きの品種には、「阿波錦《あわにしき》」「瑞光《ずいこう》」「森口《もりぐち》」があり、いずれも大きな実がなります。観賞樹として人気があるのは「御前《ごぜん》」という品種で、淡紅色の果実と濃緑色の葉がよく合います。

苗木の植えつけ 3～4月が適期です。日当たりのよい場所に苗木の根土の倍以上の穴を掘り、掘った土に腐葉土を混ぜ、その半分に土2、油かす1、発酵牛糞1の割合で加えて混ぜ、穴に戻してから苗木を植えつけます。水はけがよくない場合は盛り土をして植えつけましょう。

雌雄異株なので、結実させるためには雄株を近くに植えつける必要があります。場所に余裕がない場合は、雄株の枝を雌株につぎ木しておくとよいでしょう。

整枝・剪定のコツ　苗木を植えたら、主幹を地表から1mほどの位置で切っておき、発生する新梢を3本ほど伸ばして主枝とします。主枝から発生する枝を外芽（21ページ「切る位置」参照）の位置で切り、短い主幹から主枝が伸びる樹形に仕立てます。この樹形は樹冠内部に日光が入りやすく、花着きや実着きがよくなります。内芽の先で切ってしまうと枝が幹側に伸び、樹冠内部に日光が入りにくくなるので注意しましょう。1年目は主幹を切るだけでそのまま主枝となる新梢を十分に伸ばして、樹勢をつけることが大切です。

2年目以降は、芽出し前に徒長枝の先を3分の1ほど切り、混み合った部分や枯れ枝を付け根から取り除く間引き剪定を行って、樹形を整えます。

着果数が多い場合は、摘果して隔年結果を防ぐ。

よい実をならせるコツ　6月下旬～7月頃、新梢の先端に花芽が分化し、翌年の4月中～下旬に開花します。

隔年結果しやすい性質があるので、多量に果実が着いた年は早めに間引いておくと、毎年実なりを楽しむことができるでしょう。

水やりと施肥　過湿を嫌うので、とくに水をやる必要はありません。苗木の植えつけ時に元肥を施してあれば、肥料もとくに与える必要はありません。ヤマモモの根には、窒素を固定する「根粒菌《こんりゅうきん》」があり、やせ地でも生育するぐらいです。もし生育が思わしくない場合は、芽出し肥として、2月頃に株周りに化成肥料を施しましょう。

収穫のコツ　6月に入り、葉腋に着いた果実が濃い赤紫色になったものから順次収穫していきます。果皮が傷つきやすいのでていねいに収穫しましょう。

主な病害虫とその防除　枝にこぶができて枯れるこぶ病が発生したら、その枝を切り除いて処分します。害虫では、ヤマモモハマキが葉を巻き込んで食害します。中に幼虫が潜んでいるので、見つけ次第補殺します。

鉢植えでの育て方　鉢は大きいほど育てやすいでしょう。素焼鉢など通気性のよい鉢に赤玉土5、腐葉土3、川砂2の配合土を入れ、苗木を植えつけます。庭植えの場合と同様に、雄株の鉢も必要です。主幹は鉢の2倍程度の高さになったところで切り、枝を2～3本伸ばします。そのままにすると枝が立ちあがるように伸び、花が着きにくくなるので、斜めに支柱を立てて枝を誘引し、枝が広がるように樹形をつくります。

鉢を日当たりのよい場所に置き、土の表面が乾いたらたっぷりと水をやります。

肥料は、植えつけて1か月後と、翌年からは芽出し前に油かすの固形肥料を鉢縁に半分埋め込むように与えます。

開花期には雨に当てないように注意しましょう。また、1枝に2果を目安に摘果し、1鉢に10果程度の収穫にすると、株の消耗を防ぐことができます。

おいしい食べ方

傷みやすい果実なので、収穫したらなるべく早く食べましょう。冷やすと一層おいしくなります。収穫量が多い場合は、ウメ酒と同じ要領でヤマモモ酒をつくることができます。また、果肉を煮詰めたジャムもおいしいものです。

カラバオの花

キーツの未熟果

アーウィン

マンゴー

鉢植えで育て、冬は室内に。ウルシに弱い人は樹液が皮膚につかないように

- ウルシ科 マンゴー属
- 常緑高木
- 栽培難易度 ★★☆
- 結果年齢 約3年

熱帯アジア原産。寒さに弱いので、九州南部～沖縄以外の地域では鉢植えで育てます。開花・結実させるなら、乾季にあたる11～2月は用土を乾燥ぎみにして花芽の分化を促し、開花する5月頃まで気温を15℃以上に保ちます。

栽培データ

適　地	温暖で日当たり、保水性、排水性がよい、肥沃な場所
耐寒性	弱い。およそ5℃以下で枯死するので、冬は屋内に取り込む
耐暑性	強い。栽培適温は24～30℃
耐乾性	原産地には乾季と雨季がある。乾季にあたる冬は乾燥ぎみに
耐湿性	普通
耐陰性	日当たりを好む
繁　殖	実生
土　質	弱酸性
授粉樹	不要。雌雄同株の虫媒花

栽培スケジュール（基準地域：関東南部）

作業項目	1月	2月	3月	4月	5月	6月	7月	8月	9月	10月	11月	12月
植えつけ			●	●								
剪　定				●				●				
施　肥					●		●		●			
花芽分化	●										●	●
摘蕾・摘果					摘果	摘果						
花期・熟期					花		実	実	実			
繁　殖							実生	実生				

よくある疑問点とその対処

Q 花は咲くのに、うまく結実しません。

Ⓐ ちょうど花が咲いたときに雨に当たるとうまく受粉できないことがあります。開花時に雨が降りそうな場合は、軒先に取り込むなどの雨除けをしてやるとよいでしょう。

おすすめの品種　ペリカンマンゴーの名で出回っている「カラバオ」や果皮が緑色で0.5～2kgもの大玉になる「キーツ」など、ほとんどの品種は低温に弱いので鉢植えで育て、冬は室内で加温します。宮崎県産のブランド品種で有名な「アーウィン」はやや耐寒性があるので、九州南部～沖縄では庭植えで育てられます。

苗木の植えつけ　鉢植えの方法を紹介します。苗木は実生からでも育てられますが、開花・結実するまでに3～4年はかかります。つぎ木苗ならもう少し早まります。直径18～24cmの鉢に赤玉土5、川砂3、腐葉土2の配合土を入れてたっぷりと水を含ませ、苗木を植えつけます。植えつけ時にポット苗の根鉢を崩さないように注意しましょう。

植えつけ後は、暖かく、日当たりのよい場所で管理します。植えつけ時期は、3月下旬～4月頃が適期です。

整枝・剪定のコツ　実生苗の場合は地表から50cm程度のところで、つぎ木苗の場合はついだ部分から20～30cmのところで切ると、葉腋から新梢が発生するので、そのうちの3～4本を主枝として伸ばします。さらに9月頃、伸びてきた主枝を20～30cmのところで切ることで枝分かれを増やし、樹形を整えます。

　樹形が整ったあとは春に剪定を行い、混み合った部分を間引き、着果しなかった枝や徒長枝の先を3分の1ほど切ります。夏の収穫後には、結果した枝を1～2節切ることで新梢を出させます。

●完成した樹形

短い主幹から３～４本の主枝を伸ばした樹形に整える。

よい実をならせるコツ　マンゴーの花芽は、夏の剪定後に伸びた枝の先端や、前年の夏～秋に伸びた枝の先端に着きます。春、房状に咲く花には悪臭があり、ハエなどの昆虫を誘って、受粉します。

　1つの房に複数の実を結びますが、5月下旬～6月に、1房当たり1果となるよう摘果します。

水やりと施肥　原産地には乾季と雨季があり、乾季にあたる11～2月に乾燥ぎみにすると、花芽の分化が促されます。3～10月は、土の表面が乾いたら、たっぷりと与えてください。

　肥料は、生育期の5、7、9月に果樹用の配合肥料などを与えます。

●摘果のしかた

基本的に、ほかより大きい先端の１果を残して摘果する。樹液でかぶれる人もいるので、作業時は防水タイプの手袋をしたほうがよい。

収穫のコツ　完熟すると自然に落果します。地面に落ちると傷むので、ネットをかけておきましょう。

主な病害虫とその防除　暖かい時期にはカイガラムシが発生し、その排泄物にカビが生えて、すす病も出ます。室内では葉を弱らせるハダニが大量発生することがあります。炭疽《たんそ》病は葉に褐色の病斑が広がる病気で、一年中発生します。

　それぞれ、薬剤で駆除します。カイガラムシはつぶすかブラシでこすり落とすかして、駆除してもよいでしょう。

ふやし方　実生が簡単です。繊維質の殻（内果皮）を切って中の種を取り出し、種まき用土を入れた鉢へ横に寝かせて置き、2cmほど覆土して、たっぷりと水をやります。暖かい場所で乾かさないように管理すると、10日ほどで発芽します。1個の種から1本の芽が出る単胚性《たんぱいせい》の品種と複数の芽が出る多胚性《たはいせい》の品種があります。多胚性の品種は、幼苗が本葉5～6枚程度に育ったら、苗を1本ずつに分けて育てます。

花

アボカド【鰐梨《わになし》】

光沢のある葉が美しく、鉢植えの観葉植物としても楽しめる。暖地なら庭植えも

北米南部～中米原産。果実は栄養価が高く「森のバター」と称されます。熱帯果樹なので鉢植えで栽培するのが一般的ですが、耐寒性のある品種は、関東南部以西の暖地であれば屋外でも育てられます（上写真は静岡県伊豆熱川で撮影）。

- クスノキ科アボカド属
- 常緑高木
- 栽培難易度 ★★☆
- 結果年齢 約４年

栽培データ

適　地	南向きで暖かく、よく日が当たり、排水性がよい場所
耐寒性	品種による。メキシコ系は比較的強く、－５℃程度まで耐えられる
耐暑性	強い
耐乾性	水を好むので、水切れに要注意
耐湿性	普通
耐陰性	日当たりを好む
繁　殖	実生
土　質	弱酸性
授粉樹	雄しべと雌しべの熟期が異なるため、開花タイプの違う品種と一緒に育てる

栽培スケジュール（基準地域：関東南部）

作業項目	1月	2月	3月	4月	5月	6月	7月	8月	9月	10月	11月	12月
植えつけ				●	●							
剪　定			●	●								
施　肥			●						●			
花芽分化											●	
摘蕾・摘果												
花期・熟期	実	実			花	花			実	実	実	実
繁　殖					実生	実生	実生					

よくある疑問点とその対処

Ⓠ アボカドの実から種を取り出して水耕栽培したところ、数週間後に発芽しました。開花・結実まで育てられるでしょうか。

Ⓐ 実生苗では、開花・結実するまでに４～５年、遅いと７～８年かかる場合もあります。実なりを楽しむには、つぎ木苗を２品種以上購入して育てることをおすすめします。葉や樹姿が美しいので、観葉植物として育てるのも楽しいでしょう。

おすすめの品種　１つの花に雄しべと雌しべを備えた両性花が房状に咲きますが、雌雄の熟期が異なる特徴があります。

Aタイプ：午前中に雌花として開いて午後に閉じ、翌日の午後は雄花として開く。

Bタイプ：午後に雌花として開いて夕方に閉じ、翌日の午前中は雄花として開く。

また、アボカドは次の３系統に大別され、日本での栽培は、耐寒性がもっとも強いメキシコ系かメキシコ系とグアテマラ系の交配種がおすすめです。

メキシコ系　果実は小さい。果皮がごく薄い。葉にアニスのような香りがある。耐寒性は強い。

西インド諸島系　果実は中ぐらいの大きさ。果皮は薄い。耐寒性は弱い。

グアテマラ系　果実は大きい。果皮は厚い。耐寒性は右の２系統の中間ぐらい。

Aタイプの主な品種

ハス	市販の果実はほとんどがメキシコ産の本種。熟期は1～2月頃。熟すと果皮が黒褐色になる。耐寒性は弱い。グアテマラ系
メキシコーラ	果実が小さい。果皮が薄く、熟しても緑色。熟期は9～10月頃。耐寒性は強い。メキシコ系

Bタイプの主な品種

ベーコン	ハス種と同程度の大きさ。果皮が滑らかで、熟しても緑色。熟期は10～12月頃。耐寒性は強い。メキシコ系とグアテマラ系の交配種
フェルテ	果実は大きく高品質。果皮は熟しても緑色。熟期は11～12月頃。耐寒性はハス種よりはある。メキシコ系とグアテマラ系の交配種
ズタノ	ハス種と同程度の大きさ。果皮は熟しても緑色。熟期は11～12月頃。耐寒性は強い。メキシコ系とグアテマラ系の交配種

苗木の植えつけ　鉢植えの方法を紹介します。大きめの鉢に赤玉土6、川砂2、腐葉土2の配合土を入れてたっぷりと水を含ませ、苗木を浅く植えつけます。根が弱いので、植えつけ時にポット苗の根土を崩さないように注意してください。根詰まりを起こすと排水性が悪くなり、根腐《ねぐされ》病が発生しやすくなります。数年に1回は植え替えましょう。植えつけと植え替えは、4～5月頃が適期です。

　関東南部以西の暖地であれば屋外でも育てられます。ただし、生育がよく、早く大きくなるうえに授粉樹が必要なので、広めのスペースを確保するか、計画的な整枝・剪定でコンパクトな樹形を維持する必要があります。南向きで暖かく、日当たりがよい場所に約直径50cm×深さ50cmの穴を掘り、腐葉土や有機質肥料を混ぜ込んで植えつけましょう。

整枝・剪定のコツ　苗が60～70cmに伸びたら、地表から30～40cm程度のところで切ります。葉腋から新梢が発生するので、翌春、伸びた枝先を切ることで枝分かれを増やします。主幹から3～4本の主枝がバランスよく伸びるように樹形を整えましょう。

　樹形が整ったあとは、混み合った部分や枯れ枝、徒長枝を付け根から間引く程度にします。適当な樹高まで生長したら、主幹の先を切ります。

よい実をならせるコツ　花芽は11月頃、新梢の先にできます。つぼみは雪に弱く、春先に積もるほど雪が降ると、落ちてしまいます。開花は5～6月頃です。開花タイプの異なる2品種を一緒に育てて、蜂などの昆虫に受粉させます。鉢植えの場合は人工授粉を行うこともできます。

午前中：Bタイプの花粉をAの雌しべに。

午　後：Aタイプの花粉をBの雌しべに。

また、開花期に18～20℃ないと結実しないので、寒冷地では加温が必要です。

水やりと施肥　水やりは、春と秋は午前中に、夏は午前中と夕方に、たっぷりと。冬は水切れさせないようにしましょう。冬は土が乾いたら与えます。肥料は3月と9月に緩効性の化成肥料を少量施します。アボカドは生育がよいので、施肥量が多いと伸びすぎてしまいます。

収穫のコツ　樹上では完熟しないので、収穫して室温で追熟させます。指で押してみて、果肉がやわらかくなったら食べ頃です。「フェルテ」などは、果皮の色では判断できません。

主な病害虫とその防除　室内では葉を弱らせるハダニが大量発生することがあります。炭疽《たんそ》病は葉に褐色の病斑が広がる病気で、一年中発生します。庭植えではハマキムシが葉を食害します。

　それぞれ、薬剤で駆除できます。ハマキムシは葉を糸でつづって巣をつくるので、手でつぶす方法もあります。

ふやし方　実から種を傷つけないように取り出して果肉をよく洗い流し、赤玉土を入れた鉢に1～2cm頭を出すように埋め、半日陰で乾かさないように管理します。1か月ほどで発芽するので、暖かい、日当たりのよい場所で育てます。

パッションフルーツ【果物《くだもの》時計草《とけいそう》】

花形が時計を連想させることから、和名はクダモノトケイソウ。つるは数m伸びる

- トケイソウ科 トケイソウ属
- つる性常緑樹 または多年草
- 栽培難易度 ★☆☆
- 結果年齢 約2年

ブラジル原産。熱帯果樹ですが、日本でも四国や九州南部、沖縄などでは、地植えで栽培することができます。果実はカラスウリほどの大きさで、若いうちは緑色、熟すと品種によって黒紫色や黄色に色づきます。

パッションフルーツの花

トケイソウの花

同属の仲間だが、食用にはならない。

熟果

栽培データ

適　地	暖かく日当たりがよい、保水性と排水性がともによい場所	耐湿性	過湿に弱いので、粘土質の土壌は適さない
耐寒性	弱い。関東南部では、屋外での越冬は困難	耐陰性	弱い。長時間の日照が必要
耐暑性	強い	繁　殖	実生、さし木
耐乾性	高温期には水やりが必要	土　質	弱酸性。比較的適応性がある
		授粉樹	不要

栽培スケジュール(基準地域：関東南部)

作業項目	1月	2月	3月	4月	5月	6月	7月	8月	9月	10月	11月	12月
植えつけ			●	●								
剪　定												
施　肥		●						●				
花芽分化												
摘蕾・摘果												
花期・熟期				花	花	花	実	実	実			
繁　殖					さし木	さし木	●	●	●			

よくある疑問点とその対処

Q 庭に植えてあるパッションフルーツの葉が全部落ちてしまいました。苗木のラベルには常緑と記されていたのですが。

A 本来は常緑のつる性植物ですから、株全体が落葉することはありません。原因は、低温障害によるものと考えてよいでしょう。ただし、苗木が実生苗かさし木苗かによっても耐乾性に違いがあり、一般的に、実生苗のほうが強いとされています。また、植え場所によっても差が生じ、日照時間が短く、日陰がちの場所では、低温期に落葉してしまいます。

おすすめの品種　未熟果はすべて緑色ですが、熟すと果皮が黒紫色になる「ネリケリ」「ワイナマロ」などの品種と、黄色になる「イエー」「セブシック」「ユニバシティラウンド」などの品種があります。いずれもハワイで選抜された品種で、食味に優れています。なお、黄色系は黒紫色系に比べて、耐寒性がやや劣ります。

苗木の植えつけ　日当たりと水はけのよい場所に約直径40cm×深さ40cmの丸い穴を掘り、掘った土に腐葉土を混ぜ、その半分に土2、油かす1、発酵牛糞1の割合で加えて混ぜ、穴に戻してから苗木を植えつけ、たっぷりと水をやります。新梢がつる状に伸びるので、支柱を立てるかフェンスのそばに植えて誘引しましょう。なお、四国や九州南部、沖縄を除いては、秋を迎えた頃に落葉しますが、根が傷んでいなければ翌春に発芽するので、わらやビニールなのでマルチングをしておくとよいでしょう。

整枝・剪定のコツ　剪定をする必要はなく、混んできたら間引く程度にします。枝の伸長が旺盛なので、7月の収穫期までは枝を誘引し、葉面になるべく日が当たるようにするのが、実なりを楽しむためのコツです。

7〜8月に果実を収穫したあとも新しいつるが伸び、花芽が分化します。翌年に開花・結実する花芽なので、切ってしまわないように注意しましょう。

未熟果

よい実をならせるコツ　虫媒花なので、ハチやチョウなどの昆虫を見かけない場所では、人工授粉を行うとよいでしょう。開花したら、筆や綿棒で雄しべに触れ、雌しべに授粉します。

水やりと施肥　庭植えの場合は、よほど晴天が続いて土壌が乾燥しないかぎり、水やりの必要はありません。乾燥して水やりをする場合は、株の周囲に浅い溝を掘り、たっぷりと与えましょう。

肥料は好むほうです。芽出し前の2月中旬に速効性の化成肥料を、収穫後の8月に緩効性肥料を施します。

収穫のコツ　肥大した果実の果皮が黒紫色や黄色に色づいて、完熟したものから収穫します。早朝に収穫して室温で追熟させるとよいでしょう。時期を逃すと、果汁が少なくなります。

主な病害虫とその防除　病害虫の被害はほとんどありませんが、ネコブセンチュウには要注意です。ネコブセンチュウは一生土中に住み、細根から養分・水分を吸収して植物を枯死させます。水を与えてもしおれた枝や葉が回復しない場合は、ネコブセンチュウを疑いましょう。被害株は抜いて処分します。

鉢植えでの育て方　10cmほどの苗を直径18〜24cmの通気性のよい鉢に1本植えつけます。赤玉土5、川砂3、腐葉土2の配合土で植えつけますが、底のほうに緩効性の化成肥料を入れて混ぜておきます。水やりは土の表面が乾いてから。そうすることで根腐れを防ぎます。

ポイントは冬越しで、10℃以下の室温下には置かないのがコツです。枝や葉がしっかりしているのに花が咲かないのは、室温の低さが原因です。

つるが伸びたら、写真のように誘引する。あんどん仕立て(P.103参照)にしてもよい。

おいしい食べ方

開花してから50日ぐらいが食べ頃です。室温で追熟させると果皮にしわが寄り、強い香りを放ちます。半分に切り、中身をスプーンなどですくって食べます。南国情緒のある香りと甘酸っぱさが楽しめます。ジュースやジャムにしてもおいしいでしょう。

未熟果

熟果

ポポー（ポーポー）

病害虫がつかず、樹形が整いやすい家庭向きの温帯果樹。花や秋の黄葉も魅力

北アメリカ原産。日本には明治時代に渡来。チェリモヤなどと同じバンレイシ科ですが、耐寒性が非常に強く、庭植えできます。アケビに似た形の実がなり、果肉はねっとりとして、濃厚な香りと甘さがあります。

- バンレイシ科 アシミナ属
- 落葉高木
- 栽培難易度 ★☆☆
- 結果年齢 約4年

栽培データ

適　地	日当たりがよく、保水性のよい肥沃な場所
耐寒性	非常に強い。品種によっては北海道（道央まで）でも栽培可能
耐暑性	強い
耐乾性	乾燥に弱く、水切れに要注意
耐湿性	湿ったやや粘土質の土壌を好む
耐陰性	日当たりを好む
繁　殖	実生
土　質	弱酸性
授粉樹	２品種以上を植えつけると実つきがよくなる

栽培スケジュール（基準地域：関東南部）

作業項目	1月	2月	3月	4月	5月	6月	7月	8月	9月	10月	11月	12月
植えつけ	●	●	●									●
剪　定	●	●	●									●
施　肥	●		●						●			●
花芽分化								●				
摘蕾・摘果												
花期・熟期				花	花				実	実		
繁　殖									実生	実生		

おすすめの品種　日本には明治時代に渡来しているので品種名のわからないものもありますが、現在は、矮性《わいせい》で庭向きの「レベッカズゴールド」「スイートアリス」、大実になる「オーバーリース」、早生の「ＮＣ―１」、実着きのよい「ワンセヴァン」など、さまざまな品種が紹介されています。１本で結実する品種もありますが、２品種以上あると実着きがよくなります。

オーバーリース

レベッカズゴールド

苗木の植えつけ　12～3月が適期です。寒冷地では3月頃がよいでしょう。約直径50cm×深さ50cmの丸い穴を掘り、掘った土に腐葉土を混ぜ、その半分に土2、油かす1、発酵牛糞1の割合で加えて混ぜ、穴に戻してから根土を崩さないように苗木を植えつけて、たっぷりと水をやります。枝がやわらかいので、強い風が当たる場所は避けましょう。

整枝・剪定のコツ　幼木のうちは生長が遅いので剪定は不要ですが、3年ほどで急に樹勢が強くなります。主幹から3～4本の主枝がバランスよく伸びるように樹形を整え、樹高3m程度で主幹を切ります。花芽が前年枝の中ほど(短い枝では枝先)に着くので、開花・結実するようになったら枝先を切るのは控え、混み合った部分や枯れ枝、徒長枝を付け根から間引く程度にします。

落葉後芽出し前の12～3月が適期です。

よい実をならせるコツ　花は4～5月に咲きます。1つの花に雄しべと雌しべを備えた両性花ですが、熟期が異なり、雌しべが先に熟します。1本で結実する品種でも、人工授粉を行ったほうが着果がよくなります。花が緑色から赤褐色に変わったら、中心にある雌しべに別の花から花粉をつけます。

無剪定の自然樹形も美しい。

水やりと施肥　湿った、やや粘土質の土壌を好みます。植えつけ場所を選べば水やりは不要ですが、夏場の高温が続く場合や幼苗のうちは、わらなどを敷いて乾燥から保護するとよいでしょう。

12～1月に有機質肥料を、3月と9月に化成肥料を与えます。

収穫のコツ　完熟すると自然に落果しますが、地面に落ちて傷まないよう、果皮が黄色みを帯びたら収穫します。数日追熟させ、香りが強くなったら食べ頃です。

鉢植えでの育て方　直径18～20cmの鉢に赤玉土6、腐葉土3、川砂1の配合土を入れて植えつけます。水やりは土の表面が乾きかけたら行います。夏場は水切れさせないよう注意が必要です。肥料は、生育期に2か月に1回、緩効性肥料を与えます。

おいしい食べ方

果皮をむいて輪切りにするか、縦に切ってスプーンですくって生食します。果肉はとろっとした食感で強い甘みがあります。中に詰まっている大きめの種は食べられません。酸味がないので、加工する場合はレモン汁などを加えると味が締まります。

つぼみ

花

熟果

イエローストロベリーグアバ

グアバ【蕃石榴《ばんじろう》】

バラの香水を思わせる甘い香りが漂う果実は熟す直前から皮ごと食べられる

熱帯アメリカ原産。幹はサルスベリのように滑らかになる。果実は5～12㎝の卵形。葉にはタンニンの一種であるプロアントシアニジンが多く含まれ、糖の吸収を穏やかにするグアバ葉茶として利用される。

- フトモモ科 バンジロウ属
- 常緑小高木
- 栽培難易度 ★★☆
- 結果年齢 約3年

栽培データ

適地	温暖で日当たりがよく、排水性のよい場所	耐湿性	水分過多にすると根腐れを招くので避ける
耐寒性	比較的弱い。冬は防寒が必要	耐陰性	弱い。日陰は不可
耐暑性	強い	繁殖	実生、さし木
耐乾性	乾燥に強いが、鉢植えでは表土の乾きに注意する	土質	弱酸性
		授粉樹	不要。雌雄同株で自家受粉する

栽培スケジュール（基準地域：関東南部）

作業項目	1月	2月	3月	4月	5月	6月	7月	8月	9月	10月	11月	12月
植えつけ				●	●							
剪定	●	●										●
施肥					●	●	●	●	●	⇦の生育期に2回ほど		
花芽分化												
摘蕾・摘果						摘果	摘果					
花期・熟期					花	花			実	実		
繁殖					さし木	さし木			実生	実生		

よくある疑問点とその対処

Q つぎ木苗を日当たりのよい場所に植えたのですが、翌年に立ち枯れの状態になりました。原因を知りたいです。

A 冬の低温を疑ってみる必要があります。また土質によることも考えられます。グアバは本来熱帯植物ですから、九州南部や沖縄以外では比較的耐寒性のある品種を選ぶ必要があります。果実は小ぶりですが、ストロベリーグアバなどを選ぶとよいでしょう。種をまいて育てると耐寒性はさらに高くなるので、そこに好みの品種をつぎ木します。酸性土壌に弱いので、苗を植えつける際は植え場所周辺に苦土石灰を散布し、酸度を弱める（弱酸性にする）必要があります。

おすすめの品種　グアバ（バンジロウ）は果実の大きさや形がさまざま。香りがよいのが特徴です。ストロベリーグアバ（テリハバンジロウ）は比較的耐寒性が強く、温暖な地方では庭植えでも越冬できます。熟すと果皮も果肉も美しい赤色に染まります。その変種であるイエローストロベリーグアバ（キミノバンジロウ）は熟すと果皮も果肉も黄色になり、ストロベリーグアバより風味が優れています。

苗木の植えつけ　まずは、鉢植えの方法を紹介します。苗木の植えつけは4月下旬～5月上旬が適期です。直径24㎝以上の鉢に赤玉土6、腐葉土2、川砂2の配合土を入れてたっぷりと水を含ませ、苗木を根土ごと植えつけます。

植えつけ後は十分に水を与え、暖かく、日照時間の長い場所で育てましょう。

地植えの場合は、日当たりがよく、排水性のよい場所を選んで植えつけます。耐寒性に乏しいので、地植えは九州南部や沖縄が主になりますが、比較的温暖な四国や紀伊半島などで育てる場合は、株元や幹にわらやビニールで防寒対策を施す必要があります。

整枝・剪定のコツ 植えつけたら主幹を1m程度で切り、主枝を3本ほど伸ばします。苗木の樹齢にもよりますが、2年間は1～2月に主枝の先を3分の1ほど切って、枝分かれを増やします。枝数はあまり増えませんが、混み合う部分が出た場合は、付け根から取り除きましょう。

整枝・剪定の時期は、新芽が発生する前の12～2月が適期です。

樹形が整ったあとの剪定は、混み合った部分の枝を間引く程度でよい。

よい実をならせるコツ 花は直径2・5cmほどで、前年枝または充実した新梢の基部2～5節の葉腋に着きます。結実したら葉10～12枚に1果を目安に摘果するのがよい実をならせるコツです。肥大の悪いものや傷がついたものを選んで摘み取りましょう。

水やりと施肥 乾燥に強いので、庭植えの場合はよほど乾燥しないかぎり、水をやる必要はありません。

肥料は、植えつけ時に元肥として油かすや発酵牛糞などの有機質肥料をたっぷりと施しておきます。また、生育期の5～9月に2回ほど、株周りに化成肥料を施します。

収穫のコツ 9～10月頃が収穫期です。品種によって異なりますが、熟すにつれて果皮が緑色から次第に色づいてきます。黄色や濃い紅色に色づき、甘酸っぱい香りを放つようになったら収穫します。

主な病害虫とその防除 病害虫の少ない果樹ですが、新芽どきにアブラムシが発生することがあります。すぐに大発生するので、薬剤などで早めに駆除しておきましょう。まれに枝分かれの部分にカイガラムシが付着するので、手でつぶすかブラシでこすり落とします。

鉢植えでの育て方 水を好むほうです。土の表面が乾きかけたらたっぷりと与えます。

肥料は植えつけの1か月後と果実が肥大する8月頃に、油かすの固形肥料を鉢縁に施します。

整枝・剪定は、徒長枝の先を3分の1ほど切り、弱い枝や下垂した枝を間引きます。また、小枝が枝の両側同じ位置に出るので、交互に付け根から切り除きましょう。よく結果します。よい実にするためには、直径24cmの鉢で7～8果を目安に摘果しましょう。

健康茶の原料としても有名

各種ビタミンや食物繊維のペクチンを多く含みます。生食のほか、ジャムをつくってもよいでしょう。葉を乾燥させると、糖の吸収を穏やかにするグアバ葉茶になります。

ジャボチカバ

幹から直接花が咲いて結実する、見た目にも珍しい果樹。鉢植えは観葉植物にも

- フトモモ科 キブドウ属
- 常緑高木
- 栽培難易度 ★★☆
- 結果年齢 約5年

南米原産ですが、比較的寒さに強いので、関東南部以西の暖地であれば、庭植えで育てることも可能です。花期は生育条件によって初夏から秋まで長期にわたり、巨峰に似た果実を楽しむことができます。

樹姿

花

栽培データ

適地	日当たりがよく、排水性と保水性がともによい肥沃な場所
耐寒性	霜が降りる地域では、鉢植えが無難
耐暑性	高温によく耐える
耐乾性	乾燥を嫌い、水切れさせると落花する
耐湿性	過湿にすると根腐れを起こす
耐陰性	弱い。日光がよく当たる場所で育てる
繁殖	実生で苗をつくることはできるが、結実まで約10年かかる
土質	弱酸性
授粉樹	不要。雌雄同株で自家受粉する

栽培スケジュール（基準地域：関東南部）

作業項目	1月	2月	3月	4月	5月	6月	7月	8月	9月	10月	11月	12月
植えつけ				●	●							
剪定	●	●	●									
施肥				●		●		●		●		
花芽分化												
摘蕾・摘果												
花期・熟期					●	●	●	●	●	●		
繁殖												

よくある疑問点とその対処

Q 花後よく結実するというので苗木を購入しましたが、肝心の花が咲かず、そのため実もなりません。主な原因を知りたいです。

A 入手した苗木は「実生苗」だったのではないでしょうか。実生苗は、結実するまでに10年ほどかかります。つぎ木3年目以降の樹には年に数回花が咲いて、花後すぐに結実します。改めて、つぎ木苗を購入したほうがよいでしょう。

おすすめの品種 葉が大きめで四季なり性の大葉系品種、直径3cmほどの実がなる「アッスー」「アッスーワン」などの中葉系品種、年2回収穫できる「ミウーダ」などの小葉系品種が4月下旬から5月にかけて出回ります。

つぎ木苗であることを確認して入手するとよいでしょう。

苗木の植えつけ 温暖で日当たりがよく、排水性と保水性がともによい肥沃な場所を選んで約直径50cm×深さ50cmの丸い穴を掘り、掘り上げた土に腐葉土を混ぜ込みます。混ぜ込んだ土の半分に土2、油かす1、発酵牛糞1の割合で加えてよく混ぜ、掘った穴に戻します。苗木を根土ごと穴に入れて残りの土を戻し、たっぷりと水をやります。

植えつけ時期は、4～5月が適期です。

整枝・剪定のコツ　苗のうちはまず、主幹と主枝を伸ばし、肥大させることを目指します。枝が長く伸びたからといって切ると、葉数が減り、樹全体の生育が遅くなります。したがって、植えつけて2年ぐらいは枝葉を十分に伸ばし、樹勢をつけさせます。

3年目に入ると枝葉の数が増えてくるので、樹形を整えていきます。伸びすぎた場合は樹芯を止めることもありますが、地植えの場合は混み合う部分の枝を付け根から取り除き、徒長枝の先を3分の1ほど切る程度にします。

整枝・剪定を行う時期は、芽出し前の1～3月が適期です。

よい実をならせるコツ　5～10月頃に開花し、花後すぐに結実します。よい実をならせるというより、いかに多く開花させるかがポイントになります。ジャボチカバは自家受粉する果樹なので、とくに人工授粉を行う必要はありません。

水やりと施肥　乾燥を嫌います。土の表面が乾いたら水をやり、夏はわらなどを敷いて、乾燥から保護しましょう。

肥料は、植えつけるときに発酵牛糞や油かすなどの有機質肥料を十分に施し、4月と収穫後にそれぞれ、速効性の化成肥料を規定量より少なめに与えます。

収穫のコツ　熟すと、果皮が緑色から濃紫色に変わります。熟したものから収穫します。

主な病害虫とその防除　日当たりの悪い場所では、枝分かれの部分などにカイガラムシが発生することがあります。見つけ次第、ブラシでこすり落とすなどして駆除しましょう。アブラムシは数が少ないうちに薬剤などで駆除しますが、結実中は薬剤を使わずにこすり落とします。

鉢植えでの育て方　比較的耐寒性の強い品種もありますが、冬に霜が降りる地域では鉢植えでの栽培が無難です。直径21～24cmの鉢に赤玉土6、腐葉土2、川砂2の配合土で植えつけます。たっぷりと水をやり、2～3日は明るい日陰に置いて、その後は日照時間の長い場所で育てます。3年後を目安に直径30cmの鉢に植え替えます。

水やりは土の表面が乾いてきたらたっぷりと与えましょう。肥料は、4～10月の生育期に3～4回、油かすの固形肥料を鉢縁に埋め込みます。

おいしい食べ方

生食すると、ブドウに少し酸味を加えたような味と香りを楽しむことができます。皮ごと食べられますが、気になる場合はむいてください。傷みが早いのですぐに利用し、収穫量が多い場合はジャムやゼリーに加工して冷蔵庫で保存するとよいでしょう。

フェイジョア

地植えできる熱帯果樹。花や葉が美しく、花木・観葉植物としても楽しめる

南米原産ですが寒さに強く、マイナス10℃まで耐えるので、関東南部以西であれば、屋外でも育てられます。6～7月頃に咲く花の花弁は甘く、食べられます。銀白色の美しい葉が密生するので、生垣として仕立てることもできます。

- フトモモ科 アッカ属
- 常緑低木
- 栽培難易度 ★★☆
- 結果年齢 約3年

未熟果

花

熟果

受粉直後の幼果

樹姿

栽培データ

適　地	日当たりがよく、排水性がよい、肥沃な場所
耐寒性	－10℃程度まで耐えられる
耐暑性	暑さに強い
耐乾性	乾燥に強いが、水切れさせると花が落ちるので、花期は注意が必要
耐湿性	過湿にならないよう、水はけよくやや浅めに植えつける
耐陰性	弱い。日光がよく当たる場所に
繁　殖	さし木、実生
土　質	弱酸性
授粉樹	品種によって異なるので確認を

栽培スケジュール（基準地域：関東南部）

作業項目	1月	2月	3月	4月	5月	6月	7月	8月	9月	10月	11月	12月
植えつけ			●	●								
剪　定			●	●								
施　肥			●						●			
花芽分化								●	●			
摘蕾・摘果					摘蕾							
花期・熟期						花	花	実	実			
繁　殖							さし木	実生	実生			

よくある疑問点とその対処

Q 関東南部に住んでいます。苗木を庭に植えたところ、冬に葉が落ちて、そのまま枯れてしまいました。

A 成木はマイナス10℃の寒さにも耐えますが、幼苗のうちはやや弱いので、関東南部で地植えにする場合は防寒対策をするとよいでしょう。ウンシュウミカンが露地栽培できる地域であれば、地植えで十分に育ちます。それより寒くなる地域では、鉢植えで育て、冬は室内に取り込みましょう。

おすすめの品種　自家受粉する品種と、授粉樹が必要な品種があります。自家受粉する品種でも、2品種以上を植えつけると実着きがよくなります。

自家受粉する品種：アポロ、クーリッジ、ジェミニ、トラスク　など。

授粉樹が必要な品種：トライアンフ、マンモス　など。

苗木の植えつけ　約直径50cm×深さ50cmの丸い穴を掘り、掘り上げた土に同量の腐葉土と元肥用の化成肥料を30g程度加えてよく混ぜ合わせ、水をたっぷりと含ませて、浅めに植えつけます。

栽培地には、暖かく、日当たりのよい場所を選びます。幼苗のうちは寒さにやや弱いので、寒風にさらされる場所を避け、地温上昇のためにわらなどを敷き、防寒対策をするとよいでしょう。

植えつけ時期は、新芽が伸び出す前の3～4月が適期です。

整枝・剪定のコツ　植えつけて1～2年は樹形づくりをします。植えつけた苗を地表から50～60㎝程度のところで切ると、葉腋から新梢が発生します。翌春、伸びた枝の先を3分の1ほど切ることで枝分かれを増やします。混み合った部分や細く弱い枝を付け根から取り除き、主幹から3～4本の主枝がバランスよく伸びるように樹形を整えます。地際から発生する枝も付け根から取り除きましょう。

樹形が整ったあとは、混み合った部分や枯れ枝、徒長枝を付け根から間引く程度にします。8～9月頃、枝の頂部に花芽ができ、翌春そこから伸びた新梢の葉腋に花が咲くので、枝先を刈り込まないようにしましょう。また、適当な樹高まで生長したら、主幹の先を切ります。

整枝・剪定を行う時期は、新芽が伸び出す前の3～4月が適期です。

刈り込むと生垣仕立てにできるが、翌年は花が咲かない。

よい実をならせるコツ　枝の先端部につく果実は小さく、熟すのも遅いので、枝の付け根に近い位置のつぼみを2個残し、その先のつぼみをすべて摘み取ります。この作業は5月頃に行います。

開花は6～7月頃です。晴れた日の午前中に花粉が出ている花を摘み取り、別品種の花の雌しべに花粉をつけます。自家受粉する品種でもこの作業を行ったほうがよく着果します。

水やりと施肥　過湿を嫌います。普通は水やりの必要はありませんが、夏場に乾燥が続く場合は与えます。肥料は、芽出し前と収穫後に、化成肥料を与えます。

収穫のコツ　完熟すると、自然に落果します。落果前に収穫した場合は室温で追熟させます。食べごろになると果皮がやわらかくなり、よい香りがします。

主な病害虫とその防除　病害虫は少ないほうですが、コウモリガやカイガラムシがつくことがあります。コウモリガは幹や枝の内部を食害して外に木くず状の糞を排泄します。糞を取り除くと穴があいているので、そこから針を突き込んで殺します。カイガラムシはつぶすかブラシでこすり落とすかして駆除しましょう。

鉢植えでの育て方　直径18～24㎝の鉢に赤玉土5、腐葉土3、川砂2の配合土を入れてたっぷりと水を含ませ、苗木をやや浅めに植えつけます。植えつけ後は、暖かく、日当たりのよい場所で管理します。幼苗のうちは、冬は室内に取り込むのが無難です。

水やりは、土の表面が乾いたらたっぷりと。乾燥には強いのですが、水切れさせると花が落ちるので、花期は注意が必要です。肥料は、芽出し前と収穫後に、化成肥料を与えます。

おいしい食べ方

半分に切ってスプーンですくうか、リンゴなどのように皮をむいて生食します。ジャムやゼリーにしてもおいしいでしょう。花弁にも甘みがあり、サラダに散らすなどして食べることができます。

ヤタイヤシ(ココスヤシ)

耐寒性があって手間もかからない、南国情緒あふれるシンボルツリー向きの果樹

南米アルゼンチン～パラグアイ原産。2m近くになる大型の葉柄が弧を描くように反り返り、葉裏に銀白色を帯びます。果実は直径3㎝程度の甘酸っぱい実がなります。ヤシ類では耐寒性が強く、関東北部でも屋外で育てられます。

- ヤシ科 ブティア属
- 常緑高木
- 栽培難易度 ★☆☆
- 結果年齢 5年以上

栽培データ

適地	半日陰でも育つが、日当たりを好む。排水性がよく肥沃な場所で。耐潮性があり、海岸地帯でも育つ	耐乾性	強い
		耐湿性	過湿に弱い
		耐陰性	半日陰でも育つ
耐寒性	－7℃まで耐えるが、積雪の多い地域では、冬は軒先で管理	繁殖	実生
		土質	あまり選ばない
耐暑性	強い	授粉樹	不要。雌雄同株で自家受粉する

栽培スケジュール（基準地域：関東南部）

作業項目	1月	2月	3月	4月	5月	6月	7月	8月	9月	10月	11月	12月
植えつけ					●	●						
剪定	とくに適期なし。枯れた葉柄を切る程度											
施肥	春～秋の生育期に2～3回											
花芽分化												
摘蕾・摘果												
花期・熟期				花	花	花		実	実			
繁殖								実生	実生			

よくある疑問点とその対処

Q ココスヤシの名称で販売されている木がありますがココヤシとは違うものでしょうか。

A 違うものです。ヤタイヤシとその近縁種であるブラジルヤシは、以前はココヤシと同じ「ココス属」に分類されていましたが、現在では「ブティア属」に変更されています。それが今でも「ココスヤシ」の名称で販売されているのは、日本国内ではヤタイヤシとブラジルヤシの交配種が多く、判別が難しいため。上の写真でわかるように、ココスヤシには、ココヤシの大きな実とはまったく異なる小さな黄～橙色の実がなります。

おすすめの品種 とくに改良された品種はありません。ヤタイヤシと近縁のブラジルヤシは、樹姿も性質もよく似ています。ヤタイヤシの実は直径3～4㎝で熟すと橙色になります。ブラジルヤシの実は直径2～3㎝とヤタイヤシより小さめで、熟すと黄色になります。

苗木の植えつけ 2m近くになる長い葉柄を四方に広げるので、狭い場所には不向きです。耐寒性はありますが、栽培地には、なるべく暖かく、日当たりのよい場所を選びましょう。

鉢よりひと回り大きな穴を掘り、掘り上げた土に同量の腐葉土と全体の2～3割程度の川砂を加えてよく混ぜ合わせ、排水性をよくして植えつけます。植えつけ時期は、5～6月頃が適期です。

整枝・剪定のコツ　樹高6～8mになりますが、生長が遅いので、枯れた葉柄を切り取る程度でよいでしょう。

よい実をならせるコツ　6～7月頃に、1mほどの長さの花茎が伸びて、黄色の小花が無数に咲きます。人工授粉を行う必要はありません。

水やりと施肥　耐乾性があり、過湿を嫌うので、水やりの必要はありません。夏場、とくに高温乾燥が続く場合は与えましょう。

　肥料は、春～秋の生育期に化成肥料を2～3回与えます。

大鉢に植えられたココスヤシの若木。

収穫のコツ　果実は9～10月頃、黄～橙色に熟します。完熟し、自然に落果したものを鳥獣や虫に食べられないうちに収穫しましょう。

主な病害虫とその防除　暖かい時期に、ハダニやカイガラムシ、カイガラムシの排泄物によるすす病が発生することがあります。ハダニは水を勢いよくかけて洗い流すか薬剤で、カイガラムシはつぶすかブラシでこすり落として駆除します。

鉢植えでの育て方　冬に積雪がある地域では、鉢植えで育て、冬は軒先などで管理します。関東南部でも、幼苗のうちは耐寒性が成木より弱いので鉢植えのまま育てるのが無難です。

　生長に合わせて、徐々に鉢を大きくしていきます。鉢土の表面を見て、根が盛り上がってきたら植え替えましょう。赤玉土5、腐葉土3、川砂2の配合土に植えつけます。樹高を高くしたくない場合は、根土の底部を切って周りを少しほぐし、長い根を切ってから同じ大きさの鉢に植えつけます。この作業は5～6月頃に行います。

　水やりは、土の表面が乾いたらたっぷりと。冬は控えます。肥料は、春～秋の生育期に化成肥料を2～3回与えます。

ふやし方　実生で簡単にふえます。写真のとおり、落ちた果実から自然に発芽するほどです。果肉を洗い流してすぐにまき、たっぷりと水をやって乾かさないように明るい日陰地で管理します。

落ちた果実と前年の種からの芽生え。

おいしい食べ方

完熟すると、果皮が黄～橙色になり、パイナップルやモモのような甘い香りがしてきます。軟らかい果皮をむいて果肉を食べると、やや繊維は感じますが、さわやかな甘酸っぱさが楽しめます。果実酒にもできます。

四季彩マットで楽しむ果樹栽培

ユズとジャノヒゲ

埼玉県の指導の下、埼玉県川口市の安《あん》行《ぎょう》地区で開発した「安行四季彩《しきさい》マット」という可動式の植栽マットがあります。これは、ポリプロピレンの繊維を基盤にしてピートモスなどの用土を入れ、そこへ注文に応じて、低木や草花、苔などを植栽するものです。

マットは正方形で一辺50cmが基本。厚さは3cm、5cm、10cmがあり、用途によって使い分けるようにしています。軽いので1人でも移動ができ、ベランダでも使えます。また、底面積が広いので、鉢と比べて倒れにくいのも特徴です。

ビルの屋上緑化などに用いていますが、一般家庭用に、1ピースから注文可能です。植える樹種などによって異なりますが、価格は1㎡当たり1万5千～5万円程度になります。本書で紹介した小果樹はもちろん、やや樹高がある果樹でも、主幹を2m程度に抑えれば十分に育てられます。興味をもたれた方は、次ページ連絡先へお問い合わせください。

●マットの構造

絡み合うポリプロピレンの繊維を基盤にして、用土を入れている。繊維が腐らないので、5年以上保持できる。

●植栽例

ブルーベリーの単植

ビワとテイカカズラ、ヤブラン、ユキノシタ

連絡先はこちら

川口市都市緑化植木生産組合
事務局：(株)埼玉植物園　048-281-0124
または、「安行四季彩マット」で検索

第3章 果樹の手入れの基礎知識

ここでは、用意したい道具類や、地植え・鉢植えの植えつけまでの準備、病害虫の予防と駆除など、2章の各論では触れなかった、または簡単に触れるにとどめた栽培作業について、改めて詳しく解説します。第1・2章と併せて、栽培を始める前に目を通してください。また、実生（種まき）・さし木・つぎ木など、自分でふやす方法も紹介します。

ジューンベリー

アロニア

イチゴノキ

リンゴ(クラブアップル)

ポポー

サルナシ

スグリ類(カーラント)

用意したい道具、あると便利な道具

始める前に用意したい道具

植えつけや整枝・剪定、水やりなど、果樹栽培を始めるにあたって必ずそろえておきたい道具、あると作業がよりスムーズに行える便利な道具を紹介します。また、作業をするときは、虫さされや樹液によるかぶれ、日焼けを防ぐため、長袖の上着に長ズボンの着用は必須です。夏場は帽子をかぶり、こまめに休憩をとるなど、熱中症対策も忘れずに。

剪定バサミ

細い枝からやや太い枝の剪定に用いる。よく切れて、手になじむものを選ぶ。

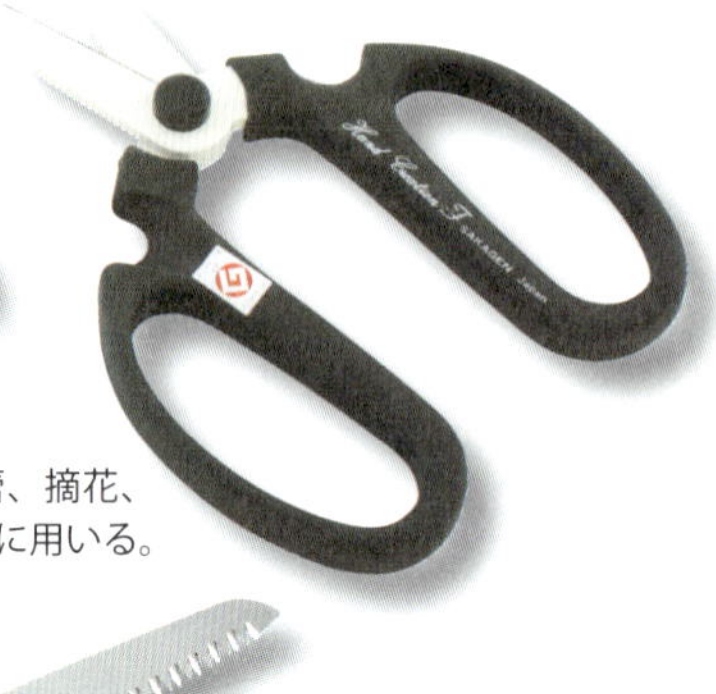

植木バサミ

細い枝の剪定や摘蕾、摘花、摘果など細かい作業に用いる。

ノコギリ

太い枝や幹の剪定に用いる。

スコップ

植え穴を掘り、土や肥料を混ぜ込む際に用いる。先が尖っているものがよい。

土入れ

鉢植え作業に。また、土や肥料の配合に用いる。

移植ゴテ

小果樹の植えつけなど、細かい作業に。

あると便利な道具

道具入れ
さまざまな道具をまとめておける道具入れがあると、移動や整理がしやすいので便利。

支柱・ひも
風で大きく揺れると根が傷むので、植えつけた苗木がしっかり根づくまでは、支柱を立てて、麻ひもやシュロ縄、ビニタイなどで誘引しておく。

高枝切りバサミ
高い位置にある枝の剪定や、果実の収穫に用いる。

ジョウロ
植えつけ時や日常の水やりに。大型の鉢で育てる果樹には、なるべく大容量のジョウロが便利。

切り出しナイフ
さし穂やつぎ穂の調整、剪定した切り口を整える際に用いる。

スプレー
薬剤の散布や葉面散布肥料を施す際に用いる。

ふるい
土を入れてふるい、土の粒をそろえたり、ゴミを取り除いたりするのに用いる。

レーキ

植えつけ場所を平らにならしたり、落ち葉をかき集めたりする際に用いる。

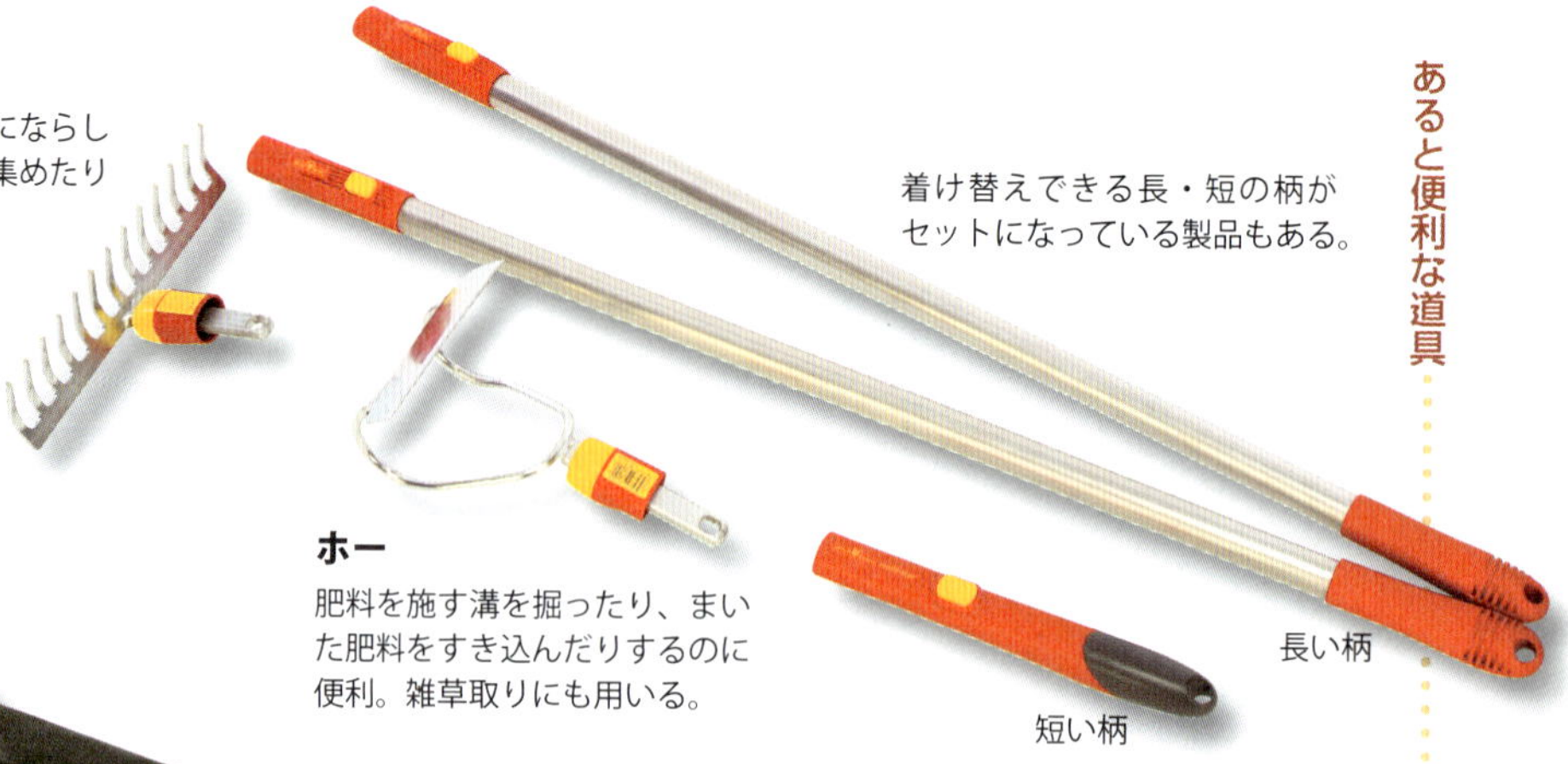

着け替えできる長・短の柄がセットになっている製品もある。

ホー

肥料を施す溝を掘ったり、まいた肥料をすき込んだりするのに便利。雑草取りにも用いる。

長い柄

短い柄

熊手・クワ

土と肥料の混ぜ込みや雑草取りに用いる。

ホース＆リール

広範囲への水やりに。手元で水量調節できるタイプが便利。

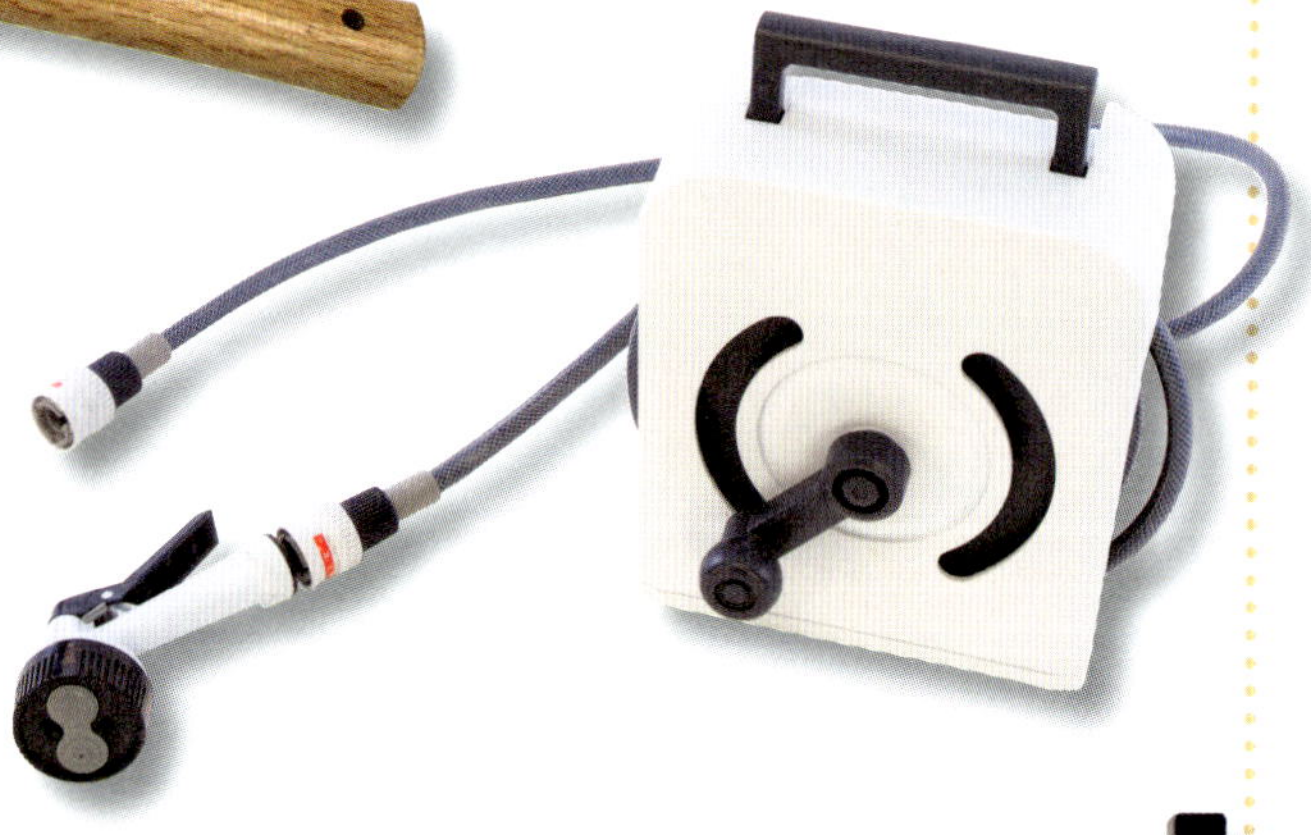

脚立

高い位置での作業に。丈夫で安定性のよいものを選ぶこと。

噴霧器

高い位置への散布、散布の範囲が広い場合は、スプレーより噴霧器が便利。

作業シート

ベランダで鉢植え作業をする際や、整枝・剪定をする前に樹の下に敷くと後片付けが楽になる。

トレー

土や肥料を移動したり、混ぜ合わせたりする際に用いる。

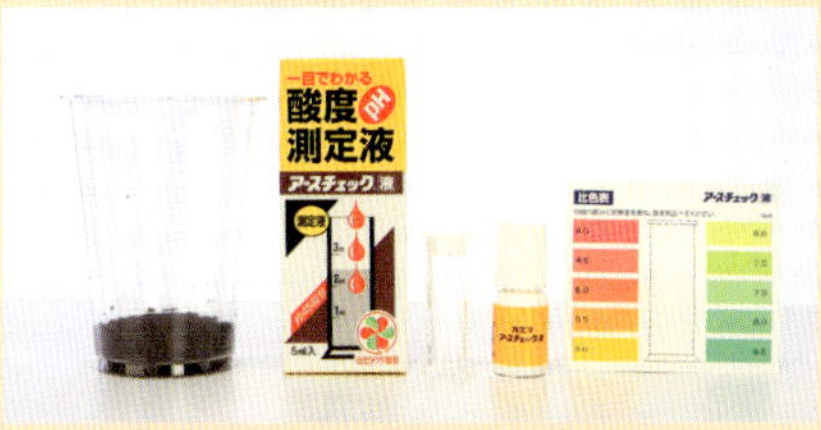

土壌酸度計(上)・酸度測定キット(下)

弱アルカリ性土壌を好む果樹や、酸性土壌を好む果樹を植えつける際は、土壌改良を行うために土壌酸度を測っておく必要がある。

手袋

手荒れやケガの防止に。肌の弱い人は防水タイプを選ぶとよい。

長靴

汚れの防止には、長靴が便利。

防虫グッズ・熱中症対策グッズ

「あると便利」に入れたが、春〜秋の防虫グッズや、夏の熱中症対策グッズは必需品といってもよい。夏はこれらのグッズで体を冷やすほか、こまめに休憩をとり、水分補給を行うことが大切。

庭の土壌改良と植えつけの基本

苗木は、植えつけの適期に購入し、入手したら速やかに植えつけましょう。ただし、その前に、植えつける場所の土壌がその果樹に適しているかどうかをチェックする必要があります。

日本は年間降水量が多いため、土壌中のアルカリ分が流出し、多くが弱酸性～酸性土壌になっています。弱酸性土壌ではほとんどの果樹は問題なく育ちますが、スギナが生えるような酸性土壌では育ちが悪くなります。植えつける前にまず土壌酸度を測り、酸性度が強い場合は中和するため、苦土《くど》石灰《せっかい》をまいて土によく混ぜ込みます。まいてすぐに種まきや植えつけをしても樹に害はありませんが、中和には10日～2週間ほどかかります。苦土石灰は中和と同時にマグネシウムを補給できるもので、一般的な庭土の場合、pHを5・5から6・5に1上げるには、土100L《リットル》(約直径50cm×深さ50cmの丸い穴)に200～250g程度まけばよいでしょう。

また、腐葉土や堆肥をよくすき込んでおけば、保水性、排水性、通気性がよくなり、有用な土壌微生物の活性も高まるので、果樹栽培に適した土になります。ただし「完熟」腐葉土でも多少は発酵してガスや熱が出るので、この作業は、植えつけの2週間前に行ってください。ここでは、コウジ(ミカンの仲間)を例に、植えつけ方を紹介します。

●植え場所の選定

育てたい果樹の将来の枝張りや栽培適地を考えて植え場所を決め、よく育つように土壌改良を行う。土壌酸度の測り方は左ページの下欄参照。今回植えるコウジは、日本原産のミカンの仲間。南向きで日当たりがよく、排水性のよい場所が適地。北向きや西日が当たる場所は避ける。

●植え穴掘り

周囲のゴミを取り除き、約直径50cm×深さ50cmの丸い植え穴を掘る(庭には、地中にパイプなどが埋設されていることがあるので要注意)。必要な場合は、苦土石灰で酸度調整を行う。

●化成肥料の投入、撹拌

元肥に使える化成肥料を100ｇ入れて、軽く混ぜる。「完熟」腐葉土でも、多少は発酵してガスや熱が発生するので、ここまでの作業は植えつけの２週間前に行う。

土壌酸度の測り方

A：酸度測定キットの使い方　調べたい場所の土を水に溶いてしばらく置き、上澄みを試験管に取って試薬を垂らし、よく混ぜる。付属の比色表を見比べて測定する。

A

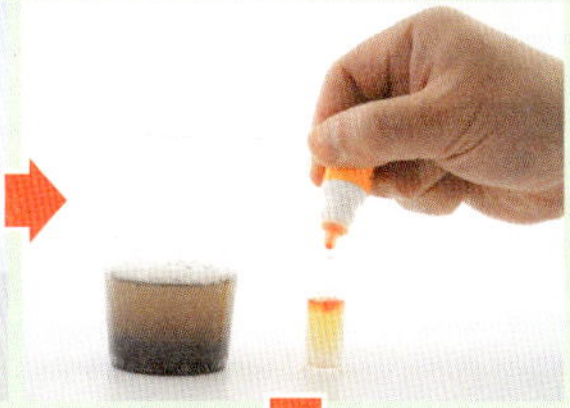

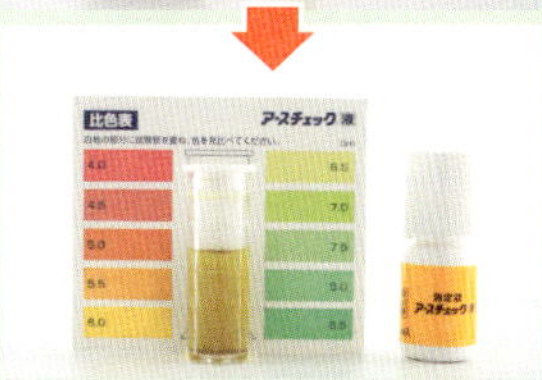

B

B：土壌酸度計の使い方　調べたい場所に水をまいて約30分待ち、酸度計の金属部分を差し込んで約１分待ち、数値を読み取る。

●腐葉土の投入、撹拌

腐葉土を穴に入れて、土を半分戻し、穴の中で混ぜ合わせる。

クワなどで土と腐葉土が細かく混ざるように耕す。腐葉土の役目は、土中の酸素の確保。したがって、すき間ができることが大事。

●元肥（有機質肥料）の準備

植え穴に腐葉土を混ぜ込んで２週間後、苗木を植えつける。コウジの苗木の入手と植えつけは、３月頃が適期。まずは、植え穴に投入する元肥（有機質肥料）の準備から。

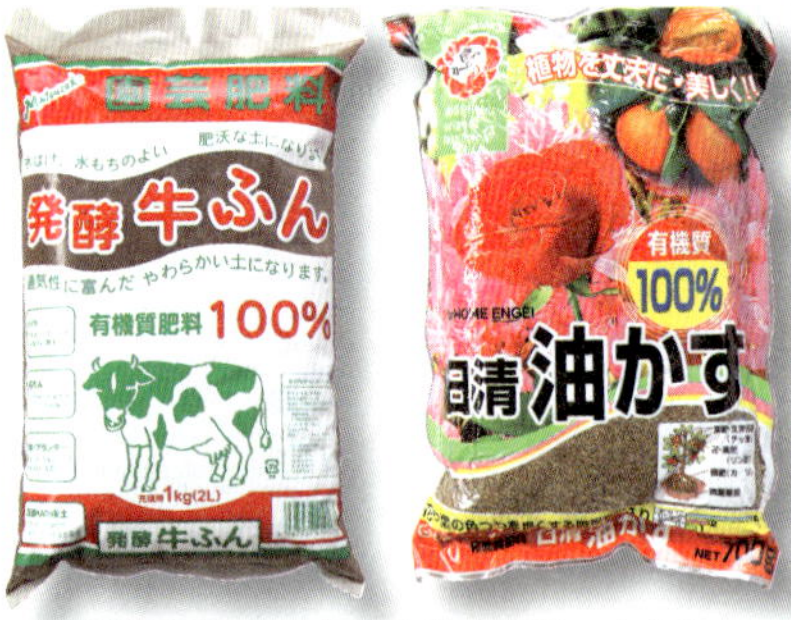

発酵牛糞は土をやわらかくする。ナタネなどの油かすは主に窒素分を供給する。

トレーに油かすと発酵牛糞を開け、よく混ぜる。

混ぜた肥料に同量の庭土を加え、よく混ぜ合わせる。

ゴミなどは取り除いておく。

●苗木の準備

苗木をポットから抜き、雑草やゴミを取り除く。太い根が根土の表面を旋回（ルーピング）するように伸びていたら、縦に４か所、ハサミを入れて太い根を切る。

苗木の植えつけ

苗木を穴に入れ、肥料を混ぜた土を戻す。

土をならし、周りに水を注ぐための土手(水鉢《みずばち》)をつくる。

ある程度たまるぐらいに水をやる。水が引いたら、土手を崩し、土をならす。

支柱立て

支柱を立て、ビニタイを幹にかけて8の字にねじり、支柱に結びつける。ビニタイが簡単だが、麻ひもやシュロ縄でももちろんよい。その場合は、あらかじめ水に漬けて湿らせておくと、結んだあとにほどけにくくなる。

幹と支柱の間は、少し開けて「遊び」をつくっておく。ビニタイは、1年で外す。支柱は幹の北側に立てること。

植えつけ完成

完成。苗木が大株の場合は、2日後に再び水をやる。追肥は5月頃に。

鉢で育てるときの植えつけ方

苗木を入手したら、速やかに鉢に植えつけます。第2章で育てたい果樹の「鉢植えでの育て方」と「植えつけの適期」を見て、その時期に購入するとよいでしょう。ただし、根を乾燥させると樹全体が枯れたり、弱って根づくのが遅くなったりします。植えつけにはなるべく曇りの日を選び、強い風が当たらない場所で行ってください。ここでは、ラズベリーを例に、植えつけ方を紹介します。

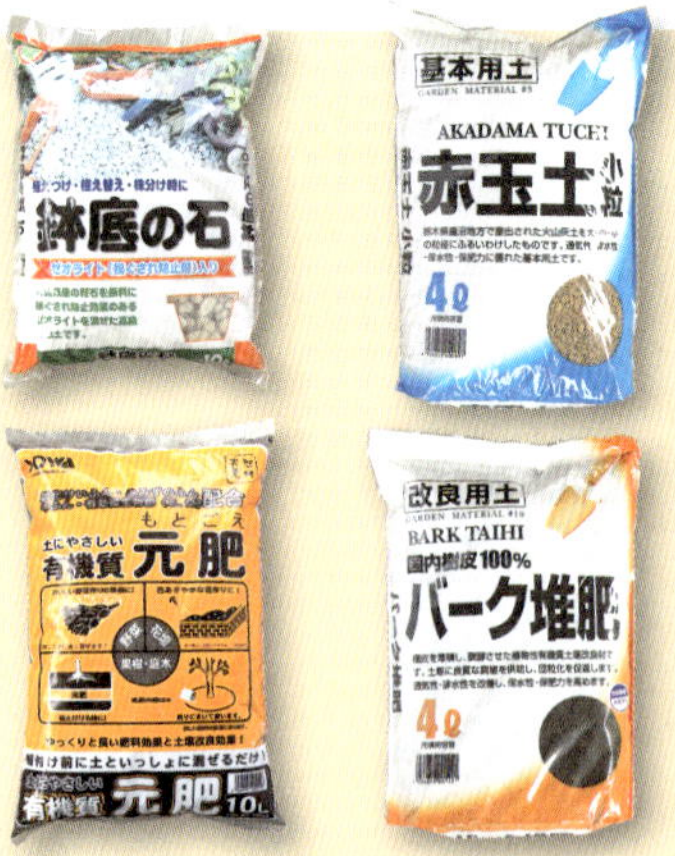

元肥は庭植えと同じでよいが、写真のような有機質元肥があれば便利。

ラズベリーは鋭いトゲに要注意。植えつけの適期は春。

鉢はスリット鉢がよい。スリット穴作用で排水がよく、鉢底に停滞水を残さないので、鉢土内の水分が均一化する。根の旋回（ルーピング）が激減し、鉢土の中心部に多く根を張る。

用土の配合

赤玉土と堆肥をよく混ぜ、そこに元肥を加えて混ぜる。配合比は、赤玉土２：堆肥２：元肥１。

鉢と苗木の準備

鉢底石を、底が見えなくなる程度に敷く。

鉢に土を入れる。深さは苗木を見て調整する。

苗木をポットから抜き、表面の枯れ葉やゴミを取り除く。

●苗木の植えつけ

苗木を鉢に入れる。内側のラインより土が上に出ないよう、調整する。

●用土の安定化と支柱立て

空いている箇所に土を入れ、細長い棒で突き込む。

支柱を立て、ビニタイで止める。

初めにビニタイを幹にかけて8の字にねじり、支柱に結びつける。

幹と支柱の間は、少し開けて「遊び」をつくっておく。

●水やり〜植えつけ完成

底からきれいな水が流れ出るまで、たっぷりと水をやる。

ラズベリーは冬、実が終わったら枝が枯れるので、地表から3〜5㎝の部分で切る。

病害虫は予防と早めの駆除が大事

おいしい果実をつける果樹は、病害虫にとっても魅力的です。適切な剪定や施肥などの世話をして健康な根、幹、枝、葉をつくることで、病害虫に対する抵抗力を持たせることは大事ですが、完全に予防することはできません。ここで紹介する主な病害虫の症状と被害を参考に、果樹の異変を見つけたら、園芸店に症状を伝えて相談し、適応する薬剤を使用法を守って使い、早めに駆除しましょう。もし、病名がわからない場合でも、病変部の写真を撮っておけば、相談しやすくなります。

果樹に多い主な病気と防除法

赤星病《あかほし》　春～初夏に発生。春に雨が多い年に多発。葉に円形の黄色い小斑が現れ、葉裏には太い短毛状のものが出る。発症の初期に薬剤を散布。病葉は処分する。ナシや近縁のカリン・ボケなどとビャクシン属の針葉樹は、季節によって交互に寄生されることを繰り返すので、近くには植えないこと。ナシの産地では「ナシ赤星病防止条例」があるほど。

カリン、ナシ、リンゴなど

ウドンコ病　春～秋の湿度が高い時期に多発。葉や果実がうどん粉をかぶったようになる。発症の初期に薬剤を散布。病葉は処分する。窒素肥料を控えめにすること。

さまざまな果樹

疫病《えき》　梅雨時期と秋に多発。褐色の病斑が現れ、表面に白いカビが生える。病変部を切除して処分する。普段から樹全体の日当たりと風通しをよくすること。

イチジク　カンキツ類など

褐色腐敗病《かっしょくふはい》　夏～秋の高温期に発生。果実に小さな病斑が現われて急激に大きくなり、落果する。病原菌は土壌中に潜伏し、雨の跳ね返りなどで感染する。病果は処分する。

カンキツ類に多い

褐斑病《かっぱん》　春～秋に発生。小さく不定形な褐色の病斑が現れて次第に大きくなり、やがて落葉する。株全体が枯死することもある。病葉は処分する。

さまざまな果樹

さび病

ウドンコ病

赤星病

菌核《きんかく》病　春と秋、低温多湿の時期に発生。枝に糸状の白いカビが生え、次第にネズミの糞に似た黒い菌核をなし、そこから上の部分が枯れる。病変部を切除して処分する。

さまざまな果樹

黒星《くろほし》病　春～初夏と秋に多発。葉や果実に円形の黒斑が現れ、やがて落葉する。果実からはヤニやカビが発生する。樹全体が弱ることもある。発症の初期に薬剤を散布。病変部は処分する。

ナシ、リンゴなど

黒紋《くろもん》病　春～秋に発生。葉に褐色の斑点が現れて広がり、つやのある隆起した小さな黒点が多数できる。発症の初期に薬剤を散布。病葉は処分する。

カンキツ類など

黒星病（果実）

膏薬《こうやく》病　春～秋に発生。幹や枝に膏薬のような塊が張りつく。細枝は切除して処分。太い幹の場合はこすり取り、薬剤を塗布する。

ウメ、カンキツ類、サクランボなど

黒痘《こくとう》病　5月頃に発生。新梢の枝や葉や、果実に黒い小斑が現われて、次第に広がる。萌芽前と生育期に薬剤を散布。病変部は処分する。また、新梢の病斑に潜伏して越冬するので、剪定時に病斑のある枝をていねいに見つけて切除する。

ブドウに多い

黒斑《こくはん》病　梅雨時期と秋に多発。枝葉に褐色の小斑が現れ、次第に広がる。黒いカビが生えることがある。発症の初期に薬剤を散布。病葉は処分する。

カンキツ類、スモモ、ブドウなど

黒星病（葉）

ごま色斑点《いろはんてん》病　葉に褐色の小斑が多数現れ、やがて落葉する。樹全体が枯れることもある。発症した枝葉を切除して処分する。梅雨時期と秋を中心に薬剤を散布する。庭木のカナメモチに多い。

カリン、ビワなど

根頭癌腫《こんとうがんしゅ》病　地表近くの幹にコブができ、生育が悪くなる。傷口から感染するので、消毒した刃物でコブを切除する。

カキ、クリ、ナシ、ブドウなど

さび病　初夏と秋に多発。葉に黄色やオレンジ色の病斑が現れる。病原菌は赤星病と同じ。

カリン、ナシ、リンゴなど

白紋羽《しろもんば》病　春と秋に多発。根がカビに侵されて生育が悪くなり、やがて樹全体が枯死する。発症したらていねいに抜いて処分する。土壌も薬剤で消毒する。

さまざまな果樹

すす病　春～秋、アブラムシやカイガラムシの排泄物に黒いカビが発生。虫害に加え、葉の汚れにより、光合成が妨げられて生育が悪くなる。害虫を駆除することが大切。

さまざまな果樹

そうか病　春に発生。春に雨が多いと多発する。枝や葉、果実にいぼ状やかさぶた状の病斑が現れる。病変部を処分する。発生初期に薬剤を散布。窒素肥料を控えめにすること。若木に感染しやすいので注意。

カンキツ類（とくにウンシュウミカン）

そばかす病　春～秋に発生。果実の表面にひび状の病斑が生じ、ケロイド状になる。病果を処分し、薬剤を散布する。エンドウから病原菌が感染するので、近くで育てない。

カンキツ類（とくにウンシュウミカン）

そうか病

そばかす病

炭疽病《たんそ》　春～秋の湿度が高い時期に多発。葉に不定形で褐色の病斑が現れ、広がる。病斑の中心部から穴があくこともある。果実が侵されると黒ずんだ病斑が次第に広がり、落果する。発症の初期に薬剤を散布。病葉や果実は切除して処分する。

さまざまな果樹

てんぐ巣《す》病　枝の一部がコブ状になり、そこから無数の細枝が出て、ほうき状になる。発症した枝にはほとんど花が咲かなくなる。原因はさまざまだが、菌による場合は5月頃に胞子を飛ばすので、落葉期のうちに切除して処分する。切り口には癒合剤を塗る。切除に使う刃物は、毎回消毒する。

クリ、サクランボ、ナツメなど

胴枯《どうがれ》病　初夏～秋に発生。幹や枝の傷口から病原菌が侵入。患部は変色してくぼみ、表面が裂けることもある。患部が広がって幹や枝を一周すると、そこから上が枯死する。樹勢が衰えると発生しやすい。太枝の切り口から感染するので、剪定後は癒合剤を塗る。病気の枝を付け根から切除して処分し、薬剤を散布する。

イチジク、カキ、クリ、ナシなど

ナラタケ病　秋にキノコが発生。ナラタケは枯れ木や樹勢の弱い生木に寄生する木材腐朽菌。土中に菌糸を伸ばして根系に寄生。根が傷ついたり排水が悪く弱ったりしている場合にかかりやすい。キノコが発生した木はまもなく枯死する。感染した樹をていねいに引き抜いて処分する。周辺の土壌を消毒する。

カンキツ類、ブドウなど

灰色《はいいろ》かび病　20℃前後で湿度の高い時期に多発。花やつぼみ、実などに灰色のカビが発生する。病変部を切除して処分し、薬剤を散布する。

さまざまな果樹

灰色かび病

灰星《はいほし》病　収穫直前の果実に発症。褐色の小斑が現れ、急激に広がり、灰色のカビが発生して腐敗する。腐敗後も落果せず乾燥して残り、病原菌が果柄から枝に侵入することもある。花や葉にも発症する。病変部を切除して処分し、薬剤を散布する。

ウメ、アンズ、サクランボ、スモモなど

斑点《はんてん》病　春～秋の湿度が高い時期に多発。葉に褐色や灰色の小斑が現れて次第に広がり、落葉する。毎年発生する場合は、土壌の排水性と通気性を高め、薬剤を散布して予防する。患部は切除して処分する。

さまざまな果樹

斑点落葉《はんてんらくよう》病　春～夏に発生。褐色の小斑が現れて次第に広がり、落葉する。果実にも感染する。定期的に薬剤を散布し、病気の果実や葉は処分する。

リンゴなど

ふくろみ病　春に低温多湿が続く年に多発。果実が正常に発育せず、長細い袋状に変形して肥大。白い粉に覆われ、やがて黒変して落果。葉に感染すると縮れて枯れる。萌芽前に薬剤を散布する。病気の果実や葉を処分する。

スモモ、ユスラウメ、リンゴなど

ふくろみ病のユスラウメ

べと病　春と秋に発生。淡黄色の病斑が黄色～褐色に変じ、葉裏にはカビが発生する。症状が進むと葉が枯れ、樹全体の生育にも影響する。病原菌は土壌中に潜伏し、雨の跳ね返りなどで感染する。発生前に薬剤を散布して予防する。

ブドウなど

紫紋羽《むらさきもんぱ》病　根が紫褐色の病菌に侵され、数年かけて樹全体が枯死する。症状が進むと地際の幹が褐色でフェルト状になったカビの膜に覆われる。感染した樹を引き抜いて処分し、土壌も薬剤で消毒する。分解の進んでいない有機物を施した場合によく発生するので要注意。

ナシ、リンゴなど

モザイク病／ウイルス病　春～秋に発生。葉にモザイク状の病斑が現れ、縮む、奇形化するなどの症状が出る。アブラムシや同じハサミでの剪定などで感染する。感染した樹を引き抜いて処分する。感染を防ぐことが大切。

さまざまな果樹

果樹に多い主な害虫

吸汁性の昆虫など

アブラムシやアワフキムシ、カイガラムシ、カメムシ、コナジラミ、グンバイムシは植物の汁を吸うカメムシ目の昆虫。大型のカメムシに吸汁された果実は傷んでしまう。排泄物によるすす病の発生や病原体の運搬など、二次的な害も大きい。また、アザミウマ（アザミウマ目の昆虫）とハダニ（ダニ類）は、高温・乾燥期に多発し、葉や花の汁を吸って正常な発育を妨げる。

アブラムシ	さまざまな果樹
アワフキムシ	ブルーベリーなど
カイガラムシ	さまざまな果樹
カメムシ	さまざまな果樹
グンバイムシ	ナシなど
コナジラミ	ブドウ、カンキツ類など
ハダニ	さまざまな果樹
アザミウマ	カンキツ類など

アブラムシ

カイガラムシ

カメムシ

チョウ・ガの仲間　チョウやガの幼虫が、さまざまな果樹の葉を食害する。ボクトウガなどの幼虫は、幹や枝の内部にトンネルを掘って食害する。また、ヤガ類の成虫は、果実から吸汁して大きな被害をもたらす。

アゲハチョウ		カンキツ類
アメリカシロヒトリ		多くの落葉広葉樹
イラガ		カキ、バラ科の果樹など
カキノミガ		カキ
カレハガ		ウメ、サクランボなど
ドクガ		カキ、バラ科の果樹など
ハマキムシの仲間		さまざまな果樹
ボクトウガ類		カキ、カンキツ類、ブドウなど
マイマイガ		多くの落葉広葉樹
ミノムシ		ウメ、サクランボ、ナツメ、ヤマモモなど
ヤガ類	幼虫	果樹などの葉を食害
	成虫	カンキツ類、ナシなどの果実から吸汁
ヨトウムシ類		さまざまな果樹

アゲハチョウ

アメリカシロヒトリ

カミキリムシによる食害で枯死したカンキツ類

イラガ

ヨトウムシ

ヤガ類の吸汁痕

甲虫の仲間　カミキリムシやコガネムシなど、成虫・幼虫ともに多くの果樹を食害する。

カミキリムシ	イチジク、カンキツ類など
コガネムシ	ブドウなど多くの果樹

カミキリムシの食害痕

エカキムシの食害痕

ハバチ

野鳥や害獣

カラスなどの野鳥やアライグマ、ハクビシンなどは果樹園にとっては頭痛の種。果実の熟期を狙って食べにくる。鳥は翼が傷つくことを恐れるため、テグスを張っておくと近寄らなくなるが、アライグマなどが出没する地域では、ネットを張るなど、万全の対策を講じたい。

フェンスで厳重に囲っていても、穴が空いていればそこから侵入してくるので要注意。

上はアライグマの食害痕。一房ほぼきれいに食べていく。下はハクビシンの食害痕。袋を破っては食べ散らす。

薬剤を散布する方法

薬剤を散布する場合は、体にかかったり、目や口に入ったりしないように装備を調えて、なるべく風のない曇天の日の午前中に行いたいものです。午前中であれば植物の吸収も早く、また、日差しが強くないので、果樹に対する薬害が少なくて済みます。

ノズルの長いスプレーや噴霧器を選んで、自分にかからないよう、なるべく遠く離れたところから散布しましょう。

また、必ず事前に薬剤のラベルや説明書をよく読み、正しい使い方を守ってください。

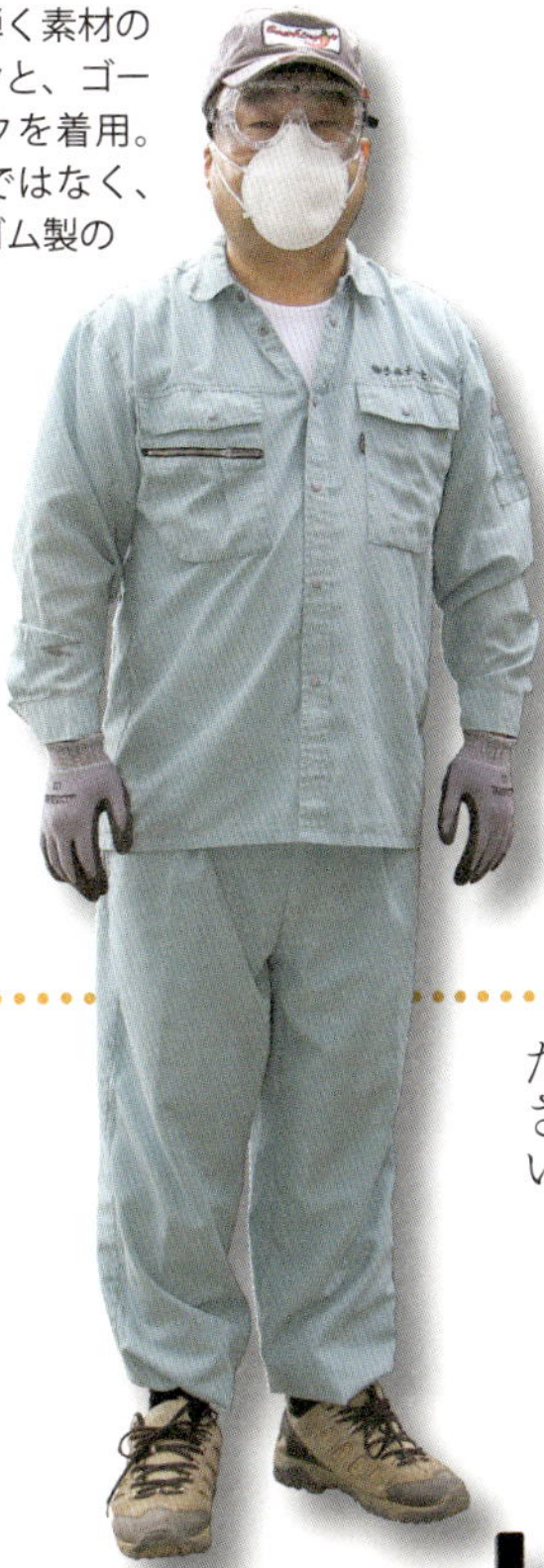

服装 水を弾く素材の長袖長ズボンと、ゴーグル、マスクを着用。手袋も軍手ではなく、ビニールやゴム製のものがよい。

使用法 自分にかからないように、風上のなるべく遠く離れたところから、葉の表裏にまんべんなく散布する。ノズルの長いスプレーや噴霧器を用いるとよい。

自分でふやすためのテクニック

植物のふやし方には「実生《みしょう》（種まき）」「さし木」「つぎ木」「とり木」などの方法があります。

実生は、食べた果実から種を採ればよいので入手が簡単です。さし木やつぎ木は、品種と果実の品質が安定し、育て始めてから開花・結実するまでの期間を大幅に短縮できます。とり木は、始めからある程度生長した苗木が得られます。

ただし、果樹の中には種苗登録品種や（国内外の）商標登録品種もあります。譲渡や販売目的でふやすことはできないので注意してください（登録品種かどうかは、ラベルに記載されています）。

実生のメリット　実生のメリットは「作業が単純で、食べた果実から採種すればよいので、さし木やつぎ木のように、穂木などを入手する手間がかからない」ということにあります。

ただし、交配品種の種をまいても、食べたものより品質のよい果実ができることはほとんどありません。また、種をまいてから開花・結実するまでに何年もかかる場合が多いことにも注意が必要です。

したがって、収穫よりは観葉植物として、またはつぎ木用の台木として育てることが目的となりますが、どのような形質の樹が育つかわからないことを踏まえて、自分で育種をする楽しみもあります。

実生の方法（カキ）

まき床を準備する。鹿沼土（適湿で雑菌なし）か種まき用の土を用いるとよい。育苗箱などに雑菌のいない清潔な用土を敷き、手で用土の表面を軽く押さえてならす。
果肉がある果実では、果肉に発芽を抑制する物質が含まれているので、写真右のように、すべて果肉を取り除き、きれいに洗い流す。種は乾燥に弱いので、乾かさないこと。

種を、発芽後に葉が触れ合わない程度の間隔をとってまく。まいたら、種が見えなくなる程度に土をかぶせる。

土をかぶせたら、たっぷりと水をやり、発芽するまで半日陰《はんひかげ》地に置いて乾かさないように管理する。
カキは、秋に果実から種を採ってすぐにまくか、乾燥しないようポリ袋に入れて冷蔵庫で保管して2月頃にまくと、その春には発芽する。発芽率は6～7割程度。発芽後は日当たりのよい場所に置き、薄い液肥を施す。翌春にはつぎ木用の台木などに利用できるようになる。

●さし木の方法（ブルーベリー）

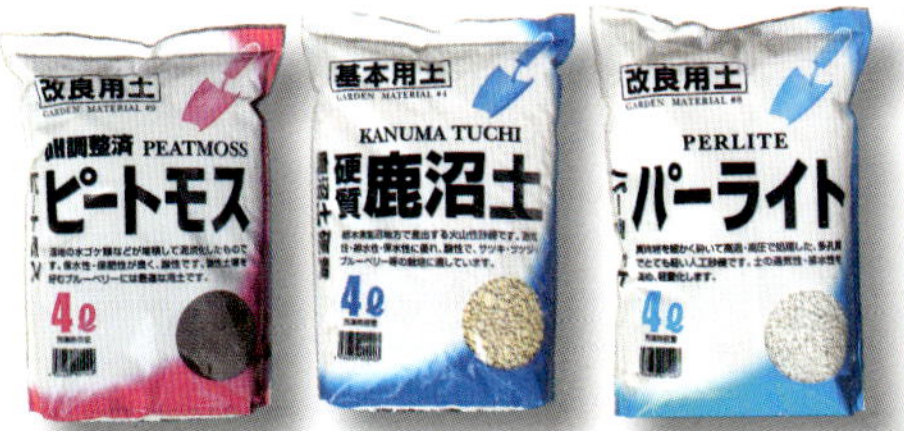

さし木用土の配合の比率は、ピートモス1：鹿沼土1で、そこにパーライトを全体の10％加える。市販のさし木用土でもよい。

育苗箱などのさし床に用土を入れて、よく混ぜ、手で土の表面を軽く押さえてならす。底から水が流れ出るまで、たっぷりと水をかけ、浸透するまでしばらく置く。

さし木のメリット

親木から枝を切ってさし床にさすだけなので作業が単純です。また、さし穂は親木の一部分なので、同じ品質の果実を着ける苗木が得られること、成木の枝を利用するので、早いものではさした翌年から開花しはじめることなどが、さし木でふやすメリットです。

さし穂を採る枝は、作業の前に10分程度、水を張ったバケツに漬けておく。さし穂には、新梢のある程度硬化した部分を用いる。先端のやわらかい部分を切り除き、残りの枝を20㎝程度に切り分ける。
下葉を取り除き、残した葉も水分の蒸散を抑えるために3分の1切り取ったあと、さし穂の下を斜めに切る。

深さ5㎝程度に、まっすぐさす。葉どうしが触れ合うと病気になるので、触れ合わない程度に間隔をあけること。
作業後は、新芽が出るまで半日陰地に置き、乾かさないように管理する。葉を残したほうがよいが、残すと蒸散するのでその分、水やりに気をつける。
生長期に行う「緑枝《りょくし》ざし」は、6～7割成功する。新芽が伸びてきたら日当たりのよい場所に置き、薄い液肥を施す。翌年の3月頃には1株ずつ移植する。

とりまきか、一時貯蔵か

実生の場合、採種してすぐにまく「とりまき」にすれば、種を乾燥させたり、カビを生えさせたりする失敗は少ないが、サクランボやヤマモモ、ユスラウメなどは、夏の高温と乾燥で種の多くが死んでしまう。そこで、果肉を洗い流した種を冷蔵庫で保管し、9月中～下旬頃にまくと発芽率が上がる。ただし、サクランボやユスラウメの種は、湿気があると冷蔵庫内で発芽してしまうので、水滴を取ってポリ袋で保存する。

つぎ木のメリット

初心者にはやや難しい作業ですが、生育が旺盛で病気に強い近縁種の台木につぐことで、つぎ穂の生育が促され、開花・結実が早くなります。また、つぎ穂は親木の一部分なので同じ品質の果実を着ける苗木が得られること、矮性の台木についだり矮性のつぎ穂をついだりすることで樹をコンパクトにできることなども、つぎ木でふやすメリットです。

つぎ木の方法

一般的に、落葉樹と常緑樹で方法と時期が異なります。

- **落葉樹は2~3月に「切りつぎ」**
- **常緑樹は7~8月に「芽つぎ」**

ここでは、つぎ穂にカンキツ類、台木にカラタチを使って「切りつぎ」と「芽つぎ」の方法を紹介します。

●切りつぎのしかた

台木を地表から３㎝のところで切る。

台木の角を落とし、幹の表皮に沿って、切り込みを入れる。

つぎ穂には、枝の硬化した部分を用いる。

つぎ穂の葉を取り除き、下の両面を斜めに切る。

切り込みにつぎ穂をさし込み、双方の形成層を合わせる。

ついだ部分全体に、つぎ穂を固定し、乾燥を防ぐためのつぎ木テープ（園芸店やホームセンターで販売）を巻く。

つぎ穂の断面に癒合剤を塗り、乾燥を防ぐ。

苗全体をポリ袋で覆う。２～３日に１回、袋を取って水をやる。うまく癒合すれば、つぎ穂から新芽が伸びてくる。

形成層とは

形成層とは、幹や枝、根が肥大・生長するため活発に細胞分裂を行っている組織で、樹皮のすぐ内側と木質部の間に存在する。台木とつぎ穂の形成層どうしを合わせることで組織が癒合し、つぎ木が成立する。つぎ穂の下端の両面を斜めに切るのは、合わせる形成層をできるだけ多く出すため。

とり木のメリット

親木の幹や枝に傷をつけて発根を促し、その部分から切り取って独立させるので、発根さえうまくいけば失敗することはほとんどありません。独立させてから短期間で開花・結実させられることが、とり木でふやすメリットです。

また、樹高が高くなりすぎた場合は、幹の途中でとり木をすることで、ふやすと同時に樹形を整えることもできます。

とり木のしかた

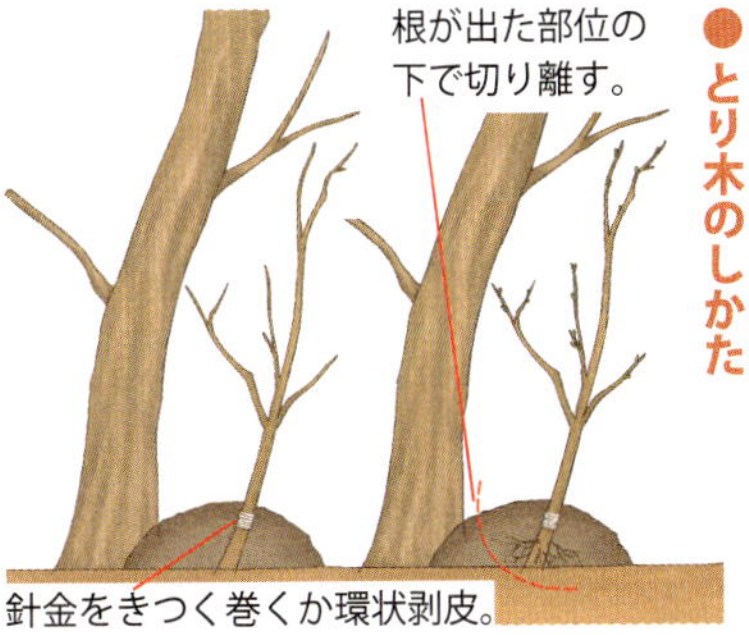
根が出た部位の下で切り離す。
針金をきつく巻くか環状剥皮。

[盛り土法]

イチジクやブルーベリーなどに使える方法。とり木をしたい枝や株元から出る枝の根元近くに環状剥皮を施すか針金をきつく巻いておき、そこへ土を盛る。次の植えつけの適期に、発根しているところの下で切り取って独立させる。

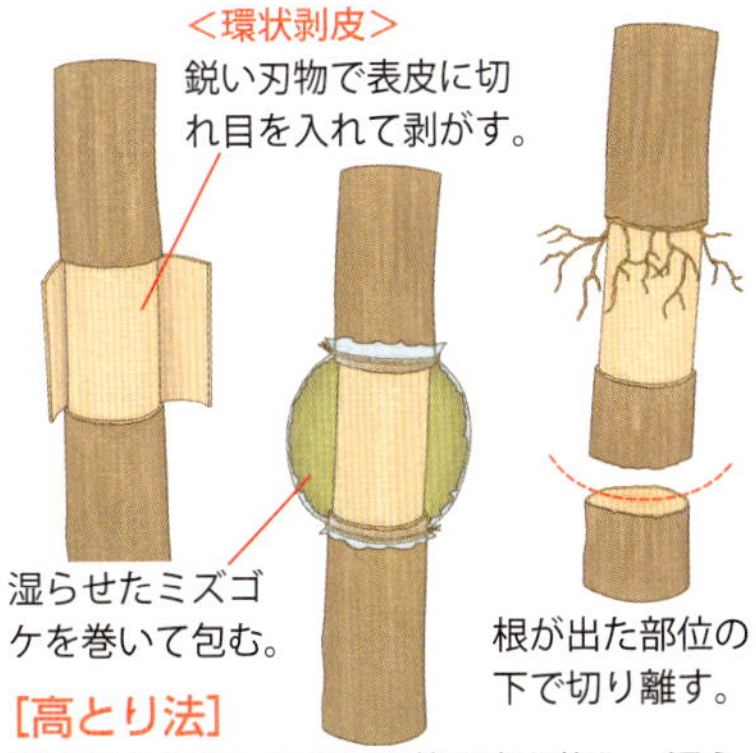
<環状剥皮>
鋭い刃物で表皮に切れ目を入れて剥がす。
湿らせたミズゴケを巻いて包む。
根が出た部位の下で切り離す。

[高とり法]

樹高を止めたい部分に環状剥皮を施し、湿らせたミズゴケを巻いてラップなどで包み、発根させる方法。ラップの代わりにポリポットを使う方法もある。乾燥しやすいので水やりをこまめに行う。

芽つぎのしかた

地表から６cmのところから、台木に長さ２～３cmの切り込みを入れる。

切り込みを入れたら、下端を５mmほど残して、表皮を切り取る。

つぎ芽を取りやすいように葉を落とす。

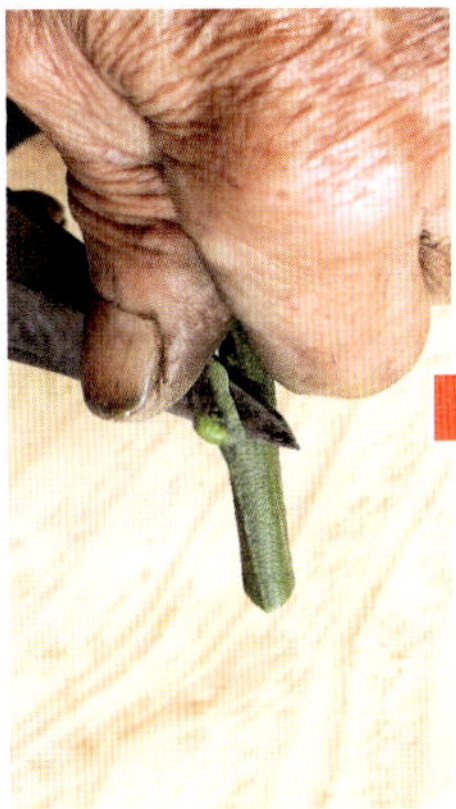

葉の付け根（＝芽）を中心に、表皮に沿って２～３cmの長さに削り、下端を切る。

削ったつぎ芽を、形成層を合わせて台木にさし込む。

ついだ部分の下側から、つぎ木テープを巻く。

巻き終えたらテープを結ぶ。付け根の上から芽が出るので付け根にはテープを巻かない。

台木は50cmの高さで切り、切断面に癒合剤を塗って乾燥を防ぐ。芽が着いたら、翌春に芽の上で台木を切る。

知っておきたい基本の園芸用語

植え傷み(うえいたみ)
植えつけで根が傷み、樹が弱ること。

枝変わり(えだがわり)
突然変異により、ある枝だけが元の樹と異なる性質をもつこと。

お礼肥(おれいごえ)
果実を収穫し終えたあとの果樹に、樹勢を回復させるために施す速効性の肥料。

隔年結果(かくねんけっか)
実がよくなる年とほとんどならない年を交互に繰り返す性質。

株立ち(かぶだち)
株元から同等の勢いの枝(幹)が複数生える樹形。

緩行性肥料(かんこうせいひりょう)
養分が少しずつ溶け出して、ゆっくりと効く肥料。

寒肥(かんごえ)
主に春の芽出しと新梢の生長を助ける目的で、冬の休眠期に施しておく肥料。緩効性の混合肥料や有機質肥料を用いる。植えつけ後の「元肥」である。

切り返し(きりかえし)
伸びた枝を途中で切ること。新梢を出させたり、樹形を整えたりするために行う。「切り詰め」「切り戻し」ともいう。

結果枝(けっかし)
開花・結実する枝。その結果枝が生える枝を「結果母枝《ぼし》」という。

自家受粉(じかじゅふん)
同じ個体または同じ品種の花で受粉すること。自家受粉で受精する性質を「自家和合性」という。

自家不和合性(じかふわごうせい)
自身の花粉では受精できない性質。種を作るには、別品種から受粉・受精する必要がある。

四季咲き性(しきざきせい)
気温や栄養状態がよければ、季節に関係なく開花する性質

雌雄異花(しゆういか)
同じ株で、雌花と雄花が咲くこと。

雌雄異株(しゆういしゅ)
動物の雌雄と同じように、雌花が咲く雌株と雄花が咲く雄株に分かれていること。雌株に雌花と両性花が咲く樹種、雄株に雄花と両性花が咲く樹種、同じ株に雌花と雄花と両性花が咲く樹種もある。

樹冠(じゅかん)
樹を覆うように茂っている枝葉の集まりのこと。

樹芯／樹心(じゅしん)
樹の幹や枝の中心。幹や枝の伸長を止めたい場合は、樹芯を切る。「(樹)芯を止める」という。

新梢(しんしょう)
その年に生えた枝。当年枝ともいう。

整枝(せいし)
枝を切って、樹形を整えること。

節(せつ／ふし)
枝にある区切り。葉の付け根で芽が出るところ。節と節の間を「節間《せっかん》」という。

剪定(せんてい)
枝を切って、枝の発生や伸長、結実などの樹の生長を調整すること。また、樹形を整えること(整枝)。「整枝・剪定」として意味を分けずに使うことが多い。

前年枝(ぜんねんし)
前の年に伸びた枝。2年枝。

速効性肥料(そっこうせいひりょう)
施すとすぐに効く肥料。吸収されやすいので、規定より濃すぎたり回数が多すぎたりすると、かえって樹を傷める。

耐潮性(たいちょうせい)
土壌塩分への適応性。カンキツ類やグ

ミ類が強い。

堆肥（たいひ）
わらや雑草、落ち葉、樹皮、家畜の糞などを積み、発酵させたもの。化成肥料と比較して肥料分が少ないため、主に土壌改良剤として用いる。保水性と排水性がともによくなり、有用な土壌微生物の活性も高まる。完熟したものを使うこと。

短果枝（たんかし）
実がなる枝のうち、短いもの。短果枝には花芽が着きやすい。

頂芽（ちょうが）
幹や枝の先端に着いている芽。

頂部（ちょうぶ）
幹や枝の先端とその周りの部分。

追肥（ついひ）
枝葉の生長が盛んな時期に、不足する養分を追加・補給するための肥料。速効性の肥料を用いる。

摘果（てきか）
品質のよい果実をつくるため、幼果のうちに間引くこと。

摘心／摘芯（てきしん）
生長中の枝先を切ること。枝の伸長を抑えたり、新梢の発生を促して枝数を増やしたりするために行う。

摘蕾（てきらい）
養分の浪費を防ぐため、つぼみの数を減らすこと。

土壌酸度（どじょうさんど）
土壌の酸性度。日本は多雨の影響で弱酸性土壌が多い。多くの果樹は問題なく生育するが、心配な場合は植えつける2週間前に測定キットや酸度計で測り、必要に応じて、苦土石灰をすき込み、調整しておく。逆に、酸性土壌を好むブルーベリーやイチゴノキを育てる場合は酸度無調整のピートモスを投入するとよい。

徒長枝（とちょうし）
日照不足や肥料不足または過多、水の与えすぎなどで、枝が長く伸びること。ほかの枝に養分が回らず、また、樹形を乱すので、付け根から切ることが多い。

根土（ねつち）
土から抜いたときに根が抱え込んでいる土のこと。「根鉢《ねばち》」ともいう。

排水性（はいすいせい）
水はけのよしあし。川砂は排水性に優れ、粘土は劣る。

半日陰（はんひかげ）
直射日光はないが、壁の反射などで日中を通してやや明るい場所や、木漏れ日が射すような場所。また、日中の数時間だけ日が当たる場所のこと。

腐葉土（ふようど）
広葉樹の落ち葉を腐熟させた土。保水性・排水性・通気性がよくなり、有用な土壌微生物の活性も高まる。ただし「完熟」したものでも土中で発酵し、ガスや熱が発生するので、植えつける2週間前にすき込んでおくこと。

保水性（ほすいせい）
水持ちのよしあし。粘土は保水性に優れ、川砂は劣る。

間引き剪定（まびきせんてい）
樹冠内部への日当たりと風通しをよくするため、不要な枝や混み合った部分の枝を付け根から切り取ること。「枝透かし」「枝抜き」ともいう。

水切れ（みずぎれ）
水不足で枝葉がしおれた状態。葉先が枯れたり、ひどい場合は樹が枯死したりするので、すぐにたっぷりと水をやる。

元肥（もとごえ／もとひ）
植えつける際に土に混ぜ込む肥料。緩効性の混合肥料や有機質肥料を用いる。全生育期間中に効かせることを目的に施す。植えつけ後の「寒肥」も目的は同じ。

有機質肥料（ゆうきしつひりょう）
油かすや堆肥、牛糞、鶏糞、骨粉など、動植物質の肥料。微生物によって分解されてから、植物に吸収される。

葉腋（ようえき）
葉の付け根。わき芽が発生する。

矮性（わいせい）
大きく生長しない性質。

夏～秋に収穫

アロニア

76ページ

イチジク

52ページ

グアバ

124ページ

グミ類

46ページ

クランベリー

66ページ

ジャボチカバ

126ページ

スモモ

88ページ

ナシ

28ページ

ナツメ

50ページ

パッションフルーツ

120ページ

ブドウ

34ページ

プルーン

88ページ

ポポー

122ページ

マンゴー

116ページ

秋～冬に収穫

アケビ

40ページ

アボカド

118ページ

イチゴノキ

62ページ

ウンシュウミカン

106ページ

オリーブ

112ページ

カキ

42ページ

カリン

78ページ

カンキツ類

110ページ

キウイフルーツ

102ページ

クリ

100ページ

クルミ

48ページ

ザクロ

58ページ

サルナシ

102ページ

フェイジョア

128ページ

マルメロ

78ページ

ムベ

40ページ

ヤタイヤシ

130ページ

リンゴ

96ページ

さくいん

果樹名で調べる50音さくいんと、果実の熟期で調べるさくいんを掲載します。

春～夏に収穫

小林《こばやし》 隆行《たかゆき》 Takayuki Kobayashi

株式会社小林ナーセリー代表取締役社長。1966年生まれ。ネブラスカ州立大学園芸学科を卒業後、1993年に就農して、2008年、社長に就任。生産は農事組合法人安行グリーン理事の父親と理事の弟に任せ、自身は日本国内の植物に対する知識や豊富な海外経験を生かし、新たな植物を導入しながら販売力と生産の強化に取り組んでいる。海外との取引も盛んで、イタリア、ドイツ、ベルギー、アメリカ、韓国に植木を輸出している。
農事組合法人安行グリーン理事、日本植物パテント株式会社取締役、社団法人日本植木協会新樹種部会部会長。

総合園芸卸　株式会社 小林ナーセリー
〒334-0059　埼玉県川口市安行944
HP「ベリーガーデン」でブルーベリーをはじめとする果樹苗の通信販売を行っている。
「ブルーベリー 通販 ベリーガーデン」　URL http://www.kbnc.co.jp

staff

カバー装丁 …… 釜内由紀江（GRiD）
本文A.D. …… HOP BOX
写真撮影 …… 天野憲仁（日本文芸社）、永井淳一
本文イラスト …… HOP BOX
特別協力 …… 松本孔志
取材協力（50音順） …… 株式会社 改良園 卸部
株式会社 小林ナーセリー
埼玉県農林総合研究センター
千葉大学環境健康フィールド科学センター
　野田勝二
東京都農林総合研究センター
フルーツパーク浦和組合
執筆協力 …… 高城栄進
中山草司
森田裕子（Office Wani）
編集協力 …… 和田士朗　大澤雄一（株式会社 文研ユニオン）
参考資料 …… 『新樹種ガイドブック』（(財)建設物価調査会）
『プランター・鉢でできる果実づくり』（大泉書店）
『プロが教える庭づくりと庭木の育て方』（日本文芸社）

失敗《しっぱい》しない！ 必《かなら》ず実《み》がなる
果樹《かじゅ》の育《そだ》て方《かた》

2012年2月20日　第1刷発行

著　者　小林隆行《こばやしたかゆき》
発行者　友田　満
印刷所　図書印刷株式会社
製本所　図書印刷株式会社
発行所　株式会社 日本文芸社
〒101-8407　東京都千代田区神田神保町1-7
TEL:03-3294-8931（営業）　03-3294-8920（編集）

Printed in Japan　112120215-112120215Ⓝ01
ISBN 978-4-537-20974-7
URL　http://www.nihonbungeisha.co.jp/

編集担当　吉村